YO QUIERO SER CHEF

Cocinas del mundo

MÁS DE 100 RECETAS SABROSAS Y FÁCILES DE HACER
PARA PEQUEÑOS Y GRANDES

YO QUIERO SER CHEF

Cocinas del mundo

MÁS DE 100 RECETAS SABROSAS Y FÁCILES DE HACER
PARA PEQUEÑOS Y GRANDES

EDITORIAL EJ JUVENTUD

contenidos

¡vamos a cocinar! 6

para empezar el día 10

platos ligeros y tentempiés 28

platos únicos 68

acompañamientos
y ensaladas 126

algo dulce para acabar 142

glosario 184

índice 188

¡vamos a cocinar! ...

¿Qué mejor manera de viajar y experimentar la variedad de maravillosos sabores del mundo que dentro de tu propia cocina? Desde los sabores tradicionales de Italia, hasta las especias exóticas de Marruecos y el sencillo arte de hacer sushi japonés, este libro te llevará en un viaje culinario a explorar y descubrir platos típicos de numerosos lugares del mundo.

Cómo empezar

Para ser un cocinero de éxito, tienes que ser organizado. Para conseguir los mejores resultados, un cocinero profesional cuenta con una cocina limpia, ordenada y bien gestionada, y tú también deberías hacerlo. Aquí tienes algunos puntos importantes que debes aprender antes de empezar, y que te ayudarán a disfrutar verdaderamente de la cocina.

◆ Primero, lee toda la receta y comprueba la lista de ingredientes para asegurarte de que tienes todo lo que necesitas antes de empezar. No es buena idea salir corriendo a la tienda mientras estamos haciendo un pastel.

◆ Si no conoces un ingrediente, o algún término o técnica de cocina, mira el glosario (páginas 184-187) para una breve explicación.

◆ Ten el equipo adecuado a mano. Pon la balanza encima del mostrador de cocina, y coloca en fila las cucharas de madera y los cuchillos, para que los alcances fácilmente cuando los necesites.

◆ Prepara las bandejas del horno, las fuentes o los moldes al principio tal como indica la receta. Puede ser necesario engrasarlos con aceite o mantequilla, y a menudo también tendrás que forrarlos con papel de horno, para asegurarte de que tus galletas y pasteles no se peguen.

◆ Antes de empezar a cocinar, coloca todos los ingredientes sobre el mostrador de la cocina. Abre las latas, pela y corta la fruta y las verduras tal como se indica en la receta, ralla el queso y mide las cantidades de la harina, el azúcar y la mantequilla. De otro modo, tendrás que parar y volver a empezar a menudo, lo que supone tiempo, y además ensucia la zona de trabajo. Recuerda ir limpiando a medida que vas realizando la receta.

◆ Precalienta el horno cuando lo indica la receta.

◆ Lee la receta a medida que la vas realizando, y comprueba que estás añadiendo los ingredientes en el orden correcto.

◆ Es recomendable tener un temporizador de cocina con alarma, o un reloj, para poder controlar los tiempos de cocción. Es fácil olvidar que tienes algo en el horno, y la comida puede quedar demasiado cocida.

Cómo pesar y medir

Es muy importante medir correctamente los ingredientes. La proporción de mantequilla y harina, o de azúcar y mantequilla, por ejemplo, es muy precisa, sobre todo cuando hacemos pasteles y recetas con masa. Si no observas las indicaciones de la receta, el resultado final puede verse afectado.

En las recetas se utilizan dos maneras distintas de medir: el sistema métrico y el de las tazas medidoras. Sea cual fuere la que utilices, mantenla durante toda la receta. Si te gusta medir con tazas, utiliza las tazas donde sea posible. Si prefieres pesar en gramos, pesa en gramos todos los ingredientes
de la receta.

Necesitarás

- un juego de 4 tazas para medir en seco: de 250 ml (1 taza), 125 ml (½ taza), 80 ml (⅓ taza) y 60 ml (¼ taza). Se utilizan para ingredientes como la harina y el azúcar.
- un vaso medidor de líquidos con pico antigoteo. Debe llevar marcas en el lateral que indiquen claramente las medidas.
- un juego de cucharas de medición: 1 cuchara sopera, 1 cucharilla de té, ½ cucharilla de té, y ¼ de cucharilla de té. Se venden en metal o plástico.

Medidas líquidas

Pon el vaso medidor en el mostrador, y añade un poco de líquido. Ahora, tienes que agacharte para que tus ojos estén al nivel de las marcas de medición. Comprueba si tienes demasiado líquido o si es insuficiente, y saca o añade, según sea necesario.

tablas de cortar

Después de cortar carne cruda, pollo o marisco sobre una tabla, debes fregarla con agua muy caliente y jabón antes de utilizarla de nuevo para cortar otros ingredientes. Pide ayuda a un adulto: debes tener cuidado de no quemarte las manos. Lo ideal es tener tres tablas de cortar: una para carne cruda, pollo y marisco, una para la fruta y otra para las verduras.

Medidas en seco

Con una cuchara, pon los ingredientes en la taza medidora, y nivélalos con un cuchillo o espátula de metal. Las tazas y las cucharas que se utilizan para medir los ingredientes secos deben llenarse al ras, no colmadas (a menos que la receta indique lo contrario).

Cómo utilizar el horno

Si vas a utilizar el horno, coloca las rejillas a la altura deseada antes de encenderlo. Precalienta siempre el horno hasta la temperatura indicada en la receta, antes de hornear la comida. La mayoría de los hornos disponen de una luz que indica que se ha alcanzado la temperatura deseada y se puede introducir la comida.

Si el horno es de aire forzado (pregunta a un adulto, si no lo sabes), entonces la temperatura será más elevada que en un horno convencional. La temperatura indicada en las recetas de este libro son para un horno convencional. Si utilizas un horno de aire forzado, tendrás que reducir la temperatura de cada receta unos 20 °C. Esto es muy importante cuando hacemos pasteles, tartas, galletas y otras cosas dulces, pero no tanto para platos como asados.

Presentación

Si ves los programas de cocina en la televisión, sabrás que los cocineros profesionales siempre colocan la comida en el plato de forma atractiva. Aunque no tienes que entretenerte con esto (los platos calientes se enfriarán si te enredas mucho), cuando la comida se presenta arreglada con esmero, y no de cualquier manera, es más placentero comerla. Después de todo el esfuerzo por cocinar bien un plato, también tiene sentido «presentarlo» bien.

Arreglar la mesa también es importante: es como el escenario para una obra de teatro. Si los artículos que rodean la comida se complementan, toda la experiencia resultará más agradable y memorable. Elige cuidadosamente los platos de servir, los cuencos y las fuentes, así como los cubiertos y los vasos. Utiliza tu imaginación y la comida como inspiración para poner la mesa. Puede que elijas palitos chinos y cuencos con un diseño asiático para servir los fideos de Singapur, o que pongas servilletas de color rojo, verde y blanco, en representación de la bandera italiana, cuando sirvas lasaña, o una tela de color vivo como mantel cuando sirvas un curry de la India.

Seguridad alimentaria

Es muy importante saber guardar y transportar la comida de manera segura. Si comes comida en mal estado puedes acabar enfermo. Aunque no hay tanto problema con la comida cocida al horno, como los pasteles, es necesario saber manipular los productos crudos como carne y pollo que vayas a utilizar en un pastel u otro plato cocinado.

alergias alimentarias

Algunas personas tienen alergia a una comida en concreto, y pueden enfermar si la consumen. Si vas a invitar a comer a unos amigos, puedes averigüar si alguien tiene una intolerancia alimentaria para no utilizar ingredientes que resultaran peligrosos. Si alguien tiene una alergia grave a los frutos secos, asegúrate de que ninguna comida contenga siquiera la más mínima cantidad. Es aconsejable no servir frutos secos o caramelos a los niños menores de 5 años porque podrían asfixiarse.

Cómo manipular la carne cruda

◆ Como regla general, se puede guardar la carne cruda hasta 3 días en la nevera, y hasta 6 meses en el congelador.

◆ Para congelar la carne, envuelve cada pieza en film transparente, y después en una bolsa de congelación. Elimina todo el aire de la bolsa. Pide ayuda a un adulto, si es necesario. Pon una etiqueta en la bolsa, y también la fecha, porque una vez congelada la comida, puede ser imposible reconocerla.

◆ Para descongelarla, coloca la carne en un plato grande y déjala en la nevera el tiempo suficiente para que se descongele totalmente antes ser cocinada. Si no estás seguro, pide ayuda a un adulto. Depende de lo grande que sea, puede tardar varias horas en descongelarse, incluso toda una noche. Nunca descongeles la carne a temperatura ambiente o bajo el agua, y no vuelvas a congelar la carne una vez descongelada, a menos que la hayas cocinado antes.

Cómo manipular la carne de pollo cruda

Se recomienda tener cuidado con el pollo porque puede albergar bacterias nocivas.

◆ Guarda el pollo crudo en la nevera hasta 2 días, o hasta 6 meses en el congelador.

◆ Descongela el pollo de la misma manera que la carne. Cocínalo antes de 12 horas desde su descongelación. Nunca dejes que el pollo crudo (u otra carne cruda) entre en contacto con el resto de la comida en la nevera.

Cómo manipular la comida cocida

◆ La comida caliente que se va a almacenar debe ser enfriada rápidamente. Cúbrela y ponla en la nevera en cuanto ya no salga vapor.

◆ Asegúrate de que la comida se ha cocido completamente. Esto es muy importante para el pollo y la carne picada.

◆ Cuando recalientas la comida, asegúrate de que la calientas completamente antes de servirla, y que no queda caliente el exterior y frío el centro. Si vas a utilizar un microondas, hay que remover la comida para que se caliente uniformemente.

◆ Si metes la comida en un *tupper* o tartera, tiene que ser del tipo aislado, o añade una bolsa de congelación. No metas comida caliente en un *tupper;* déjala enfriar primero.

Consejos principales para la cocina

1 Siempre pide permiso a un adulto antes de empezar a cocinar. Además, siempre debes pedir ayuda si no te sientes seguro cortando comida o manipulando moldes calientes.

2 Antes de empezar, lávate bien las manos con agua y jabón, si tienes el pelo largo recógetelo, y ponte un delantal para no mancharte la ropa. Ten a tu alcance unos guantes de horno y unos trapos de cocina, limpios y secos.

3 Lleva siempre zapatos cerrados en la cocina. Siempre tienes que utilizar guantes de horno para sacar la comida caliente.

4 Cuando cocinas en el fuego, orienta hacia dentro las asas de las sartenes y cacerolas, para evitar el riesgo de chocar con ellas. Cuando estás removiendo la comida, sujeta la cacerola firmemente por el asa.

5 Nunca utilices aparatos eléctricos cerca del agua. Sécate siempre las manos antes de tocar cualquier aparato, y cuando acabes de utilizarlo, apágalo y desenchúfalo antes de limpiarlo.

6 Apaga el horno, la placa eléctrica o el fuego cuando acabes de utilizarlo.

Cómo utilizar este libro

Todas las recetas están simplificadas en unos pasos sencillos. Todas incluyen fotografías para que veas el aspecto del producto final. Algunas de las recetas incluyen fotografías de cada paso para ayudarte con técnicas que tal vez no conozcas o no has probado antes.

Y, por último, diviértete en la cocina y disfruta de tu viaje para convertirte en un chef de cocina internacional de primera categoría..

para empezar el día

birchermüesli (muesli)

SUIZA Este popular plato de cereales fue creado por primera vez hacia el año 1900 por un médico suizo que quería suministrar un desayuno sano y nutritivo a los pacientes de hospital.... ¡que no supiera a comida de hospital! El Birchermüesli también es delicioso servido con arándanos y rodajas de plátano.

150 g (1 ½ tazas) de copos de avena
300 ml de leche
200 g de yogur natural
40 g (1 ⅓ tazas) de pasas sultanas
1 manzana verde grande
1 cucharada de semillas de girasol
2 cucharadas de almendras fileteadas tostadas

PARA 4-6 PERSONAS

1 Mezcla los copos de avena, la leche, el yogur y las sultanas en un cuenco grande. Cubre con plástico y deja en la nevera durante la noche.

2 Por la mañana, corta la manzana en cuatro partes, quita las pepitas (deja la piel) y a continuación rállala con el rallador grueso. Añade la manzana rallada, las semillas de girasol y las almendras fileteadas a los copos de avena, y remueve. Sirve acompañado de frambuesas y miel.

porridge

ESCOCIA El porridge es el desayuno tradicional de Escocia. ¡Les gusta tanto que incluso organizan cada año un Campeonato Mundial de Preparación de Porridge, para mostrar el arte de hacerlo!

150 g (½ taza) de copos de avena
375 ml (1 ½ tazas) de leche

PARA 4 PERSONAS

1 Pon los copos de avena en una cacerola de fondo pesado junto con la leche, 500 ml (2 tazas) de agua y una pizca de sal. Remueve a fuego medio hasta que la mezcla empiece a hervir.

2 Baja el fuego y deja cocer unos 10 minutos, removiendo de vez en cuando, o hasta que esté cremoso y los copos de avena estén blandos.

3 Distribuye el porridge en cuencos. Sirve con unas rodajas de plátano y rocía con miel y un poco más de leche.

welsh rarebbit (tiras de pan tostado con queso fundido)

PAÍS DE GALES Originalmente este plato se llamaba *Welsh rabbit* («conejo galés»), pero se escribió incorrectamente en un diccionario en el año 1785, y desde entonces ha quedado como *Welsh rarebbit*. Nadie sabe por qué se llama galés *(Welsh)*; algunos creen que porque los galeses eran tan pobres que no podían comprar carne (el conejo era la carne de los pobres), y en su lugar comían queso.

80 g (2/3 de taza) de queso cheddar rallado

1 cucharadita de mostaza suave

1 yema de huevo

60 ml (1/4 de taza) de nata espesa

4 huevos, a temperatura ambiente

4 lonchas gruesas de pan blanco de molde

2 cucharaditas de salsa Worcester (o salsa Perrins)

PARA 4 PERSONAS

1. Precalienta el grill a temperatura alta.
2. Mezcla en un cuenco el queso, la mostaza, la yema de huevo y la nata. Sazona con sal y pimienta negra.
3. Llena con agua un cazo de tamaño medio, y deja hervir a fuego alto. Con una cuchara introduce cuidadosamente los huevos en el agua, uno a uno. Deja hervir a fuego lento durante 4 minutos para conseguir un huevo pasado por agua.
4. Mientras tanto, tuesta el pan ligeramente. Extiende la mezcla del queso uniformemente sobre las tostadas y a continuación, colócalas en una bandeja para el horno. Introdúcelo bajo el grill precalentado durante 3 minutos, o hasta fundirse y dorarse el queso. Corta cada loncha en tres tiras anchas y rocía con salsa Worcester.
5. Para servir, coloca los huevos pasados por agua en las hueveras y corta la parte superior con un cuchillo o una cuchara. Moja las tiras de Welsh rarebit en el huevo.

tortilla vietnamita

VIETNAM La influencia francesa en la cocina vietnamita es evidente en esta deliciosa tortilla. Los sabores tradicionales de Vietnam, entre ellos las hierbas aromáticas, los brotes de soja y *nuoc cham* (una conocida salsa para mojar), dan un giro original a este popular plato francés.

8 huevos
5 cebolletas, en rodajas finas
1 cucharada de salsa de ostras
1 cucharada de hojas de menta picada finamente
1 cucharada de cilantro cortado picado finamente
1 cucharada de aceite de cacahuete
90 g (1 taza) de brotes de soja

Nuoc cham

2 cucharadas de salsa de pescado vietnamita
2 cucharaditas de zumo de lima
1 cucharadita de vinagre de vino de arroz
1 cucharadita de azúcar superfino
1 guindilla roja fresca y larga cortada en aros
1 diente de ajo machacado

PARA 4 PERSONAS

1 Bate 2 de los huevos con una cuarta parte de las cebolletas, y 1 cucharadita de la salsa de ostras. Añade una cuarta parte de la menta y una cuarta parte del cilantro, y bátelo para mezclarlo bien.

2 Para hacer el nuoc cham, mezcla todos los ingredientes con 1 cucharada de agua en un cuenco pequeño y reserva.

3 Calienta 1 cucharadita del aceite en una sartén antiadherente a fuego moderado. Vierte el huevo batido, inclinando la base de la sartén para cubrir la base. Fríe hasta que empiece a cuajar.

4 Rocía una cuarta parte de los brotes de soja uniformemente sobre la mitad de la tortilla. Dobla la tortilla, cubriendo los brotes, y desliza sobre el plato. Repite con los ingredientes restantes para hacer tres tortillas más. Sirve con la salsa nuoc cham.

Nota: La salsa de pescado vietnamita, llamada *nuoc cham,* es más ligera que las demás salsas de pescado, y su sabor más sutil.

milk
Milch

rösti de patata y zanahoria con huevo frito

SUIZA Muchos granjeros en Suiza empiezan su día con un rösti (una tradicional tortita salada de patata y cebolla ralladas) con un huevo frito encima, y una taza de café con leche. Hemos añadido la zanahoria rallada a nuestro rösti para darle un poco de dulzor y color.

1 kg de patatas peladas
1 zanahoria grande pelada
1 cucharadita de sal
80 ml (⅓ de taza) de aceite vegetal
6 huevos

PARA 6 PERSONAS

1. Ralla las patatas y la zanahoria con el rallador grueso. Ponlo en un colador, espolvorea la sal y déjalo unos 10 minutos.
2. Con las manos, exprime la mezcla de patata y zanahoria tanto como puedas.
3. Calienta 3 cucharadas de aceite en una sartén grande a fuego medio alto. Añade ¾ de taza de la mezcla de patata a la sartén, dándole la forma de una tortita de 10 cm de diámetro. Repite con otros ¾ de taza de la mezcla. Fríe durante 5 minutos, o hasta que se doren por debajo. Gira los röstis y fríe otros 5 minutos o hasta que se vean crujientes, dorados y bien cocidos. Retira de la sartén, deja aparte y mantén calientes. Repite con la mezcla restante para hacer un total de 6 röstis.
4. Justo antes de servir, calienta 1 cucharada de aceite en otra sartén a fuego medio alto, y rompe los huevos por separado (quizá tengas que hacerlos en tandas). Fríe durante 2 minutos.
5. Sirve cada rösti con un huevo frito encima y sazona con un poco de sal y pimienta negra, si lo deseas.

panqueques de escocia

ESCOCIA También llamados *drop scones,* son algo más pequeños y más gruesos que los *pancakes* o panqueques americanos. A menudo los panqueques escoceses se sirven para el desayuno o el almuerzo de media mañana, con mantequilla y mermelada: ¡No se puede pedir un desayuno más sabroso que este!

110 g (¾ de taza) de harina

1 cucharadita de levadura en polvo

150 ml de suero de leche (o yogur natural sin azúcar) a temperatura ambiente

1 huevo

1 cucharada de aceite vegetal

1 cucharada de melaza

60 g (½ taza) de pasas sultanas

mantequilla, para engrasar

PARA 8 PERSONAS

1 Tamiza la harina y la levadura en polvo en un cuenco grande, y haz un hoyo en el centro.

2 En un cuenco aparte, bate el suero de leche, el huevo, el aceite y la melaza. Añade a la mezcla de harina, y remueve con las varillas hasta que no haya grumos. Agrega las sultanas y mezcla suavemente con una cuchara metálica o una espátula.

3 Calienta un poco de mantequilla en una sartén a fuego medio, inclinándola para repartirla por toda la base. Añade a la sartén una cucharada rebosante de mezcla para cada panqueque. Se tendrán que hacer por tandas. Fríe durante 2 minutos, o hasta que aparezcan burbujas en la superficie. Gira y fríe otros 2 minutos, o hasta que se doren por debajo y queden bien cocidos. Transfiérelos a un plato, cubre con papel de aluminio y mantenlos calientes mientras repites el proceso con la mezcla restante.

4 Sirve los panqueques calientes con mantequilla y mermelada.

pain perdu (torrijas)

FRANCIA Conocida como *French toast* en los países anglosajones, tradicionalmente se hacía con pan duro mojado en huevo y leche, endulzado con vainilla y frito, y se comía de postre. En otras partes del mundo se toma como desayuno. ¡Mmmm!

4 huevos ligeramente batidos

200 ml de leche

1 cucharadita de extracto natural de vainilla

1 cucharada sopera de azúcar glas tamizado

½ cucharadita de canela molida

¼ de cucharadita de nuez moscada molida

4 rebanadas de pan del día anterior, de 2 cm

40 g de mantequilla

2 plátanos maduros cortados en rodajas

jarabe de arce (o miel)

azúcar glas, para espolvorear (opcional)

PARA 4 PERSONAS

1. Precalienta el horno a 120 °C (gas 1/2). Mezcla el huevo, la leche, la vainilla, el azúcar glas, la canela y la nuez moscada en un cuenco grande con un tenedor hasta obtener una buena mezcla.
2. Moja dos de las rebanadas de pan en la mezcla de leche durante 1 minuto, y empápalas bien.
3. Calienta la mitad de la mantequilla en una sartén grande a fuego medio. Retira las rebanadas de la mezcla y escúrrelas. Ponlas en la sartén y fríelas durante 1 o 2 minutos por cada lado, o hasta que se doren. Pásalas a una bandeja y ponla en el horno para mantenerlas calientes. Repite con el pan restante y la mezcla de huevo.
4. Reparte las torrijas en platos y sirve con rodajas de plátanos y jarabe de arce o miel por encima y espolvorea con azúcar glas.

huevos al horno con nata al estilo suizo

SUIZA La cocina suiza recibió su influencia originalmente de sus granjeros, famosos por producir quesos y nata de calidad. Este plato es un desayuno rápido y sencillo que utiliza estos ingredientes. Aquí hemos añadido espinacas para darle un toque fresco.

100 g (2 tazas) de espinacas lavadas, secas y sin los tallos

mantequilla, para engrasar

40 g (⅓ de taza) de queso gruyère, rallado grueso

80 ml (⅓ de taza) de nata líquida

4 huevos

PARA 4 PERSONAS

1 Precalienta el horno a 180 °C (gas 4). Pon las espinacas en un cuenco grande y cúbrelas con agua hirviendo. Déjalas unos 30 segundos. Escúrrelas y enjuagalas con agua fría. Exprímelas con las manos para eliminar todo el líquido que puedas.

2 Engrasa con mantequilla cuatro cuencos que puedan ir al horno de 125 ml (½ taza), y colócalos en una bandeja para horno. Reparte las espinacas entre los cuencos. Sazona con sal y pimienta negra y espolvorea con la mitad del queso.

3 Haz un hoyo en el centro del queso y espinacas en cada cuenco, para poner el huevo. Rompe un huevo en cada hoyo, divide la nata en partes iguales por encima y espolvorea con el resto del queso.

4 Hornea de 8 a 10 minutos, o hasta que la clara se haya cuajado pero la yema todavía esté blanda.

5 Con cuidado, coloca los platos sobre un cuenco de servir y sirve inmediatamente con pan tostado y mantequilla.

cuscús dulce

MARRUECOS El cuscús es un popular plato magrebí, hecho con sémola de trigo. Generalmente se come en platos salados como si fuera arroz, pero en Marruecos y Egipto también se sirve endulzado con fruta deshidratada y frutos secos: una manera sabrosa y saludable de empezar el día.

80 g (½ taza) de mezcla de pistachos, piñones y almendras peladas

45g (¼ de taza) de orejones de albaricoque

90 g (½ taza) de dátiles secos deshuesados

250 g (1 ⅓ tazas), de cuscús instantáneo

250 ml (1 taza) de agua hirviendo

2 cucharadas de miel

50 g (¼ de taza) de mantequilla sin sal, blanda

2 cucharadas de azúcar superfino

½ cucharadita de canela molida

PARA 4-6 PERSONAS

1 Precalienta el horno a 160 °C (gas 2–3). Pon los frutos secos sobre una bandeja del horno y hornea unos 5-8 minutos o hasta que se doren. Deja enfriar, y luego córtalos en trocitos y ponlos en un cuenco.

2 Mientras tanto, corta los orejones en tiras y los dátiles a lo largo. Añade ambos ingredientes al cuenco con los frutos secos y mézclalos.

3 Vierte el cuscús en un bol grande a prueba de calor. Mezcla el agua hirviendo, la miel y la mantequilla en un cuenco separado y remueve bien. Añade al cuscús y remueve hasta que la mantequilla se haya fundido totalmente. Cubre con un trapo de cocina limpio y deja reposar unos 5 minutos. Revuelve el cuscús con un tenedor para separar los granos y añade la mitad de la fruta deshidratada y los frutos secos *(ver nota)*.

4 Al servir, utiliza una cuchara para repartir el cuscús caliente en los cuencos individuales. Espolvorea con el resto de los frutos secos. Mezcla el azúcar y la canela en un recipiente pequeño y espolvorea sobre el cuscús. Sirve con leche caliente.

Nota: El cuscús se puede hacer hasta 2 días antes. Guarda en un recipiente hermético en la nevera. Para recalentarlo, sácalo de la nevera y espera que alcance la temperatura ambiente. Luego transfiérelo a un plato refractario y cubierto con papel de aluminio, recaliéntalo en un horno precalentado a 180 °C (gas 4) durante unos 20 minutos.

smoothies de california (batidos cremosos)

ESTADOS UNIDOS En los años 1930 las tiendas de comida saludable en los Estados Unidos empezaron a vender batidos de frutas, hechos con fruta, zumo de fruta y hielo. Se conocen como *smoothies* y ahora a menudo se hacen con leche o yogur.

tropical

2 plátanos pelados y cortados en rodajas

½ mango pelado y cortado en daditos

250 ml (1 taza) de leche

1 cucharadita de extracto natural de vainilla

2 cucharaditas de miel, o al gusto

la pulpa de 1 maracuyá

PARA 2 PERSONAS

1 Pon todos los ingredientes, salvo la pulpa del maracuyá, en una licuadora y bate hasta conseguir una mezcla cremosa sin grumos. Vierte en los vasos y añade la pulpa del maracuyá. Sirve inmediatamente.

de yogur de fresa

150 g (1 taza) de fresas limpias y cortadas por la mitad

250 g (1 taza) de yogur de vainilla

125 ml (½ taza) de zumo de arándanos

60 ml (¼ de taza) de zumo de naranja

miel, al gusto

PARA 2 PERSONAS

1 Pon todos los ingredientes en una licuadora y bate hasta conseguir una mezcla uniforme y cremosa. Vierte en los vasos y sirve inmediatamente.

de frutas del bosque

250 g (2 tazas) de surtido de frutas del bosque congeladas

250 ml (1 taza) de leche

200 g de yogur de frutas del bosque

1 ½ cucharadas de azúcar, o al gusto

PARA 2 PERSONAS

1 Saca el surtido de frutas del bosque del congelador y deja unos 5 minutos para que empiecen a descongelarse (pero no completamente).

2 Pon todos los ingredientes en una licuadora y bate hasta conseguir una mezcla cremosa sin grumos. Vierte en los vasos y sirve inmediatamente.

de mantequilla de cacahuete y plátano

500 ml (2 tazas) de leche

1 cucharada de mantequilla de cacahuete suave

1 plátano maduro en rodajas

2 cucharaditas de miel, al gusto

1 taza de cubitos de hielo

PARA 2 PERSONAS

1 Pon todos los ingredientes en una licuadora y bate hasta conseguir una mezcla homogénea. Vierte en los vasos y sirve inmediatamente.

platos ligeros y tentempiés

nachos

MÉXICO Este sabroso plato es originario de México donde se hacía friendo trozos de tortilla (en México llaman tortilla a unas tortas planas de harina de maíz o de trigo). Sin embargo, hoy suelen ser chips de maíz.

440 g (2 tazas) de alubias rojas
2 cucharadas de aceite vegetal
1 cebolla grande, picada finamente
2 dientes de ajo, machacados
2 tomates grandes y maduros, picados
125 g (½ taza) de salsa de tomate
salsa tabasco (opcional), al gusto
175 g de chips de maíz
250 g (2 tazas) de queso cheddar rallado
guacamole *(ver receta abajo)* y crema agria, como acompañamiento

PARA 6 PERSONAS

1 Precalienta el horno a 180 °C (gas 4). Enjuaga las alubias en un colador, escurre bien y chafa ligeramente con un tenedor.

2 Calienta el aceite en una sartén a fuego medio y fríe la cebolla y el ajo durante 4-5 minutos, o hasta que se ablanden.

3 Añade el tomate, la salsa de tomate y las alubias chafadas y fríe a fuego medio durante 5 minutos, o hasta que se ablande el tomate. Sazona con la salsa tabasco, si la utilizas.

4 Pon la mitad de los chips de maíz en un plato refractario poco profundo. Pon encima la mezcla de las alubias y la mitad del queso. Repite con los ingredientes restantes para formar una segunda capa (deja algunos de los chips a la vista si es posible). Hornea unos 10-15 minutos, o hasta que se funda el queso y se calienten los nachos. Sírvelos con guacamole y crema agria.

guacamole

MÉXICO Lo más probable es que la palabra *guacamole* venga de las palabras náuatl *ahuacti* que significa «aguacate» y *molli* que quiere decir «salsa». Se sirve a menudo como salsa para mojar o con nachos.

2 aguacates maduros
½ cebolla roja pequeña, picada muy fina
1 tomate maduro, cortado en dados
1 cucharada de hojas de cilantro fresco picadas
1 cucharada de zumo de limón recién exprimido

PARA 6 PERSONAS

1 Corta los aguacates por la mitad y saca los huesos.

2 Saca la pulpa con una cuchara y ponla en un cuenco. Aplasta con un tenedor hasta obtener una pasta prácticamente sin grumos.

3 Añade la cebolla, el tomate, el cilantro y el zumo de limón. Mézclalo bien. Sirve con nachos *(ver la receta anterior)* o como salsa para mojar con pan de pita, verduras frescas cortadas en palitos o tortillas de maíz.

tortas de pescado al estilo tailandés

TAILANDIA Estas populares tortitas de pescado son perfectas para la comida o para picar, e incluyen algunos de los sabores preferidos de la cocina tailandesa, como el limoncillo y el cilantro.

500 g de filetes de pescado blanco sin espina, cortados pequeños

1 tallo de limoncillo (solo la parte pálida), picado

2 cucharadas de salsa de pescado

5 cebolletas, picadas

3 cucharadas de cilantro picado

1 diente de ajo, machacado

150 ml de leche de coco

1 cucharada de salsa dulce de chili

1 huevo

60 g de judías verdes, cortadas finas

80 ml (½ taza) de aceite de cacahuete

salsa

90 g de azúcar

2 cucharadas de salsa dulce de chile

½ pepino pequeño, cortado en daditos

PARA 28 TORTAS

1 Pon el pescado, el limoncillo, la salsa de pescado, las cebolletas, el cilantro, el ajo, la leche de coco, la salsa dulce de chile y el huevo en una picadora y pica hasta obtener una mezcla casi cremosa. Transfiere a un cuenco e incorpora las judías. Con las manos mojadas, moldea la mezcla en forma de tortitas. Coloca en un plato, cubre con plástico y deja en la nevera unos 30 minutos para que adquieran firmeza.

2 Para la salsa, pon el azúcar en un cazo pequeño con 80 ml (⅓ de taza) de agua. Hierve a fuego lento durante 2 minutos, o hasta disolver el azúcar. Sube el fuego y deja cocer durante 5 minutos, hasta que se espese. Retira del fuego y con una cuchara añade la salsa dulce de chile. Deja enfriar y, con una cuchara, añade el pepino cortado en daditos.

3 Calienta el aceite en una sartén grande, de fondo pesado, a fuego medio. Fríe las tortas en tandas, durante 2 minutos por cada lado, o hasta que estén hechas. Servir calientes con la salsa aparte para mojar.

san choy bao

CHINA *San choy bao* (traducido sería «delicias de lechuga») es un plato popular de carne de cerdo picada. Suele incluirse en los grandes banquetes, pero es ideal para una comida ligera. Si no quieres utilizar cubiertos, puedes coger los nidos de lechuga y comértelos con las manos como una hamburguesa.

1 cucharada de aceite de cacahuete

1 cucharadita de aceite de sésamo

1-2 dientes de ajo, machacados

1 cucharada de jengibre fresco rallado fino

4 cebolletas, picadas

500 g de carne picada de cerdo

1 pimiento rojo, sin semillas ni membrana, y cortado a daditos

220 g de castañas de agua en lata, escurridas y cortadas

1-2 cucharadas de salsa de soja

1 cucharada de salsa de ostras

2 cucharadas de caldo de pollo

4 hojas de lechuga iceberg

PARA 4 PERSONAS

1 Calienta los aceites de cacahuete y de sésamo en una sartén grande antiadherente a fuego medio. Incorpora el ajo, el jengibre y las cebolletas y saltea en la sartén unos 2 minutos. Añade la carne de cerdo y deja dorar, deshaciendo cualquier grumo con un tenedor o cuchara de madera.

2 Incorpora el pimiento, las castañas de agua, las salsas de soja y de ostra y el caldo. Deja cocer a fuego medio hasta que se reduzca y se espese. Mantén caliente.

3 Con unas tijeras de cocina, corta las hojas de lechuga para darles una forma de taza, y colócalas en cuencos o en un plato. Con una cuchara, llena las hojas de lechuga con la mezcla de carne de cerdo y sirve.

cordero indio enrollado

INDIA La comida india es conocida por utilizar muchas especias, hierbas y aromatizantes. Otros elementos importantes de la cocina india son el arroz, el pan (chapati), los yogures y los chutneys. Esta receta no es un plato indio tradicional, sino que representa una combinación de algunos elementos claves de su cocina.

500 g de cordero picado
1 cebolla pequeña, picada fina
1 diente de ajo, machacado
1 cucharada de garam masala
¼ de taza de hojas de menta, picadas
1 ½ tazas de chutney de mango
1 huevo, batido ligeramente
60 ml (¼ de taza) de aceite de colza
8 chapatis (seguir instrucciones del envoltorio)
50 g (1 taza) de hojas pequeñas de espinacas
1 pepino pequeño, cortado a tiras
1 zanahoria, pelada y rallada pequeña
2 tomates maduros, cortados en gajos
yogur o chutney de mango, como acompañamiento

PARA 4 PERSONAS

1 Mezcla el cordero, la cebolla, el ajo, el garam masala, la menta, el chutney de mango y el huevo en un cuenco y sazona con sal y pimienta negra. Con las manos, mezcla todo muy bien, y haz 16 medallones de unos 6 cm de diámetro y 2 cm de grosor. Coloca en una bandeja y deja en la nevera durante 15 minutos.

2 Calienta el aceite en una sartén grande a fuego medio alto. Fríe los medallones durante 5 minutos por cada lado, o hasta que se cuezan y se doren. Haz dos tandas.

3 Encima de cada chapati coloca una base de espinacas, pepino, zanahoria, tomate y un medallón de cordero, y encima de todo una cucharada de chutney de mango o yogur y enrolla el chapati con el relleno.

falafel

LÍBANO Este delicioso tentempié también se prepara en otros países de Oriente Medio, y es una popular comida callejera, normalmente envuelta en pan de pita con humus, salsa tahini y ensalada.

- 220 g (1 taza) de garbanzos secos
- 1 cebolla, picada fina
- 6 dientes de ajo, picados
- 2 cucharaditas de cilantro molido
- 1 cucharada de comino molido
- ¼ de cucharadita de guindilla en polvo
- ½ cucharadita de bicarbonato de sodio
- ½ taza de hojas de perejil picadas
- 3 cucharadas de hojas de cilantro picadas
- 170 ml (⅔ de taza) de aceite vegetal

PARA 30 UNIDADES

1. Pon los garbanzos en un cuenco grande, cubre con agua y deja en remojo 12 horas o toda la noche.
2. Escúrrelos bien y viértelos en un robot de cocina con la cebolla y el ajo, bate hasta obtener una mezcla homogénea. Añade el cilantro, el comino, la guindilla, el bicarbonato de sodio y las hierbas frescas. Sazona al gusto y bátelos hasta conseguir una mezcla uniforme.
3. Coge una cucharada de la mezcla y con las manos haz unos medallones de aproximadamente 1 cm de grosor. Coloca en una bandeja y deja en la nevera por lo menos 20 minutos antes de cocerlos.
4. Calienta el aceite en una sartén honda a fuego medio alto. Fríe los falafels, en tandas, 2 minutos por cada lado. Escúrrelos sobre papel de cocina, y sírvelos calientes o fríos con humus *(ver receta abajo)* y pan de pita.

hummus (puré de garbanzos)

LÍBANO Este puré se puede servir con prácticamente todo, aunque tradicionalmente se acompaña con aceitunas negras y pan de pita.

- 400 g de garbanzos
- 1 cucharada de tahini
- 2 dientes de ajo, machacados
- 1 cucharadita de comino molido
- 2 cucharadas de zumo de limón, recién exprimido
- 1 ½ cucharadas de aceite de oliva
- 1 pizca de pimentón picante
- ½ cucharadita de sal
- Perejil picado fino para decorar

PARA 1 ½ TAZAS

1. Lava los garbanzos y escúrrelos bien.
2. Pon los garbanzos, tahini, ajo, comino, zumo de limón, aceite, pimentón y sal en un robot de cocina y bate hasta obtener una mezcla homogénea. Con el robot todavía encendido, añade lentamente 60 ml (¼ de taza) de agua para formar un puré cremoso. Rectifica de sal y zumo de limón.
3. Transfiere el hummus a un recipiente para servir, rocía con un poco más de aceite y pimentón picante y decora con perejil. Sirve con los falafels *(ver la receta anterior)* y pan de pita, o como salsa para mojar.

empanadas de cornualles

INGLATERRA Tradicionalmente, los mineros del condado inglés de Cornualles solían llevar una de carne y otra de mermelada para comer. Eran muy duras e incluso se decía que si se dejaban caer por un pozo de la mina ¡no se rompían!

4 láminas de masa de empanada

1 huevo, batido ligeramente

relleno

160 g de carne de ternera, sin grasa y picada fina

1 patata pequeña, picada fina

1 cebolla pequeña, picada fina

1 zanahoria pequeña, picada fina

2 cucharadas de salsa Worcester

2 cucharadas de caldo de carne

PARA 8 EMPANADAS

1. Forra una bandeja de horno con papel vegetal. Precalienta el horno a 210 °C (gas 6-7).
2. Para hacer el relleno, mezcla la carne, la patata, la cebolla, la zanahoria, la salsa Worcester y el caldo en un cuenco y sazona con sal y pimienta negra.
3. Con un plato de unos 14 cm de diámetro como plantilla, corta dos círculos de cada lámina de masa. Reparte el relleno entre los círculos de masa. Pasa un pincel mojado en huevo por los bordes de la masa, dobla de manera que no salga el relleno, y pellizca los bordes para sellar la empanadilla. Coloca sobre la bandeja preparada y utiliza de nuevo el pincel para pintar cada empanada con un poco más de huevo.
4. Hornea las empanadillas durante 15-20 minutos, o hasta que estén cocidas y doradas. Sírvelas calientes.

arancini

ITALIA En italiano, *arancini* significa «naranjitas», y hace referencia a su forma, color y tamaño. Es una especialidad siciliana que se hace con una mezcla de risotto (arroz cocido lentamente mientras se añade pequeñas cantidades de líquido) y azafrán que envuelve un relleno de queso y que finalmente se pasa por pan rallado y se fríe.

1 litro (4 tazas) de caldo de pollo

unas hebras de azafrán

100 g de mantequilla

1 cebolla, picada fina

1 diente de ajo, machacado

2 cucharadas de hojas de tomillo

220 g (1 taza) de arroz arborio

50 g (½ taza) de queso parmesano rallado

80 g (¾ de taza) de queso mozzarella o fontina fresco, cortado en dados de 1 cm

80 g (¾ de taza) de pan rallado seco

250 ml (1 taza) de aceite de oliva

PARA 40 UNIDADES

1 Vierte el caldo en una cacerola y deja hervir. Añade el azafrán, tapa, baja el fuego y deja hervir a fuego lento.

2 Funde la mantequilla en una cacerola grande a fuego medio y fríe la cebolla y el ajo durante 5 minutos, o hasta que se ablanden. Añade el tomillo y el arroz, y fríe, removiendo durante un 1 minuto, o hasta que esté bien mezclado. Añade unos 125 ml (½ taza) del caldo caliente a la cacerola grande y remueve continuamente hasta que haya absorbido todo el líquido. Sigue añadiendo media taza de caldo cada vez que absorba todo el líquido, hasta obtener un risotto tierno y cremoso, es decir aproximadamente 25-30 minutos.

3 Cubre una bandeja con papel film. Retira la cacerola del fuego e incorpora y mezcla el parmesano. Extiende el risotto sobre la bandeja y déjalo enfriar. Para mejores resultados, cubre la bandeja y déjala en la nevera durante la noche.

4 Con una cucharada de risotto, haz una bola. Con el pulgar, haz un hoyo en el centro, introduce un cubo de queso mozzarella y cúbrelo con el risotto para cerrar la bola. Aplana las bolas un poco (1,5 cm) y hazlas rodar por el pan rallado hasta que queden rebozadas.

5 Calienta el aceite en una sartén profunda a fuego rápido. Cuando está caliente, fríe los arancini en tandas, aproximadamente 2 minutos por cada lado, sin sobrecargar la sartén. Escúrrelos en papel de cocina y deja enfriar. Sírvelos calientes con gajos de limón como guarnición.

dolmades (hojas de parra rellenas)

GRECIA Se dice que los mejores dolmades se comían en época de Alejandro Magno. En aquel tiempo, los guerreros tenían poca comida y solían envolver los trozos de carne y arroz en hojas de parra. Desde entonces, se ha ido perfeccionando esta receta, convirtiéndola en un delicioso plato.

200 g de hojas de parra marinadas

220 g (1 taza) de arroz blanco de grano corto

1 cebolla pequeña, picada fina

100 ml de aceite de oliva

60 g de piñones, tostados

2 cucharadas de pasas

2 cucharadas de eneldo picado

1 cucharada de hojas de menta picadas

1 cucharada de perejil picado

2 cucharadas de zumo de limón recién exprimido

500 ml (2 tazas) de caldo de pollo

gajos de limón, como guarnición

PARA 24 UNIDADES

1 Deja las hojas de vid en agua fría durante 15 minutos, y después retira y seca. Corta todos los tallos. Guarda unas hojas para forrar la cacerola, y desecha las hojas con agujeros. Mientras tanto, pon el arroz en un cuenco a prueba de calor y añade agua hirviendo. Déjalo en remojo unos 10 minutos y después escurre bien.

2 Pon el arroz, la cebolla, 1 cucharada de aceite de oliva, los piñones, las pasas y las hierbas en un cuenco y sazona con sal y pimienta negra. Mezcla bien.

3 Coloca unas hojas sobre una superficie plana, con las nervaduras de la hoja hacia abajo. Pon una cucharada del arroz en medio de cada hoja, dobla el extremo del tallo sobre el relleno, y después los lados izquierdo y derecho hacia el centro, y al final enrolla todo hacia la punta de la hoja. Repite con el relleno y las hojas restantes, para hacer aproximadamente 24 paquetitos.

4 Utiliza las hojas restantes al final para forrar una gran cacerola de fondo grueso. Rocía las hojas con una cucharada de aceite, y añade los dolmades, apretados pero en una sola capa. Rocía con el resto del aceite y el zumo de limón.

5 Vierte el caldo sobre los dolmades y cubre con un plato para que no se muevan durante su cocción. Deja hervir, baja el fuego, cubre y deja cocer a fuego lento durante 45 minutos o hasta que estén cocidos. Retira los dolmades de la cacerola con una espumadera. Sírvelos calientes o fríos con gajos de limón.

börek (rollitos crujientes de cordero)

TURQUÍA Estos rollitos de hojaldre normalmente contienen una mezcla de queso, carne picada y verduras. Son una versión popular de este plato clásico, y tradicionalmente se sirven como refrigerio con té turco.

1 cucharada de aceite de oliva
350 g de carne picada de cordero
1 cebolla pequeña, picada fina
2 dientes de ajo, machacados
1 cucharada de comino molido
1 cucharadita de jengibre molido
1 cucharadita de pimentón
1 cucharadita de canela molida
¼ de cucharadita de guindilla en escamas
2 cucharadas de hojas de cilantro picadas
2 cucharadas de perejil picado
3 cucharadas de piñones tostados
1 huevo
16 láminas de masa de hojaldre
100 g de mantequilla, fundida
1 cucharada de semillas de sésamo

salsa de yogur

250 g (1 taza) de yogur natural
2 cucharadas de hojas de menta picadas
1 diente de ajo, machacado

PARA 16 ROLLITOS

1. Precalienta el horno a 180 °C (gas 4).
2. Calienta el aceite en una sartén grande a fuego medio alto, y fríe la carne durante 5 minutos, deshaciendo los trozos con una cuchara de madera. Añade la cebolla y el ajo y fríe un minuto. Añade las especias, el cilantro y el perejil y mezcla durante un minuto. Transfiere a un colador para escurrir la grasa.
3. Pon la mezcla en un cuenco y deja enfriar. Mezcla bien con los piñones y los huevos.
4. Coloca las láminas de masa de hojaldre sobre el mostrador de la cocina, cubre con un trapo limpio seco y encima un trapo húmedo para que no se sequen. Coloca una lámina con el lado más corto hacia ti.
5. Pinta con la mantequilla fundida y dobla a lo largo. Coloca una cucharada de la mezcla al final de la lámina, y enrolla, doblando los extremos para cerrarla bien. Una vez con la forma de rollito, colócalo en la bandeja del horno. Repite la operación hasta hacer 16 y espolvorea por encima las semillas de sésamo. Hornea durante 15 minutos, o hasta que se doren y se vuelvan crujientes.
6. Mientras tanto, remueve todos los ingredientes de la salsa en un cuenco, y sirve con los rollitos calientes como salsa para mojar.

rollitos de primavera vietnamitas

VIETNAM La cocina vietnamita ha sido influenciada por los chinos que dominaron la región durante casi 1000 años, y también por los franceses, al formar parte de su imperio colonial. Estos rollitos de primavera se sirven fríos e incluyen fideos de arroz y papel de arroz, que son dos ingredientes básicos de la cocina tradicional.

12 gambas cocidas

12 obleas de arroz (de 21 cm)

50 g de fideos de arroz remojados en agua caliente durante 5 minutos y bien escurridos

¼ de lechuga iceberg, cortada finamente

2 zanahorias pequeñas, ralladas gruesas

90 g (1 taza) de brotes de soja, cortados

1 pepino pequeño, pelado, sin semillas, y cortado en tiras

24 hojas de menta

½ taza de hojas de cilantro

salsa hoisin o salsa dulce de chile para mojar

PARA 12 ROLLOS

1. Pela las gambas, retira las cabezas y las venas. Corta en dos a lo largo.
2. Llena un cuenco hasta la mitad con agua tibia. De uno en uno, sumerge las obleas de arroz durante 15-20 segundos, hasta que se ablanden. Retira del agua y coloca sobre un paño limpio.
3. Coloca los fideos en un extremo del papel de arroz, dejando espacios alrededor. Coloca la lechuga, la zanahoria, los brotes de soja y el pepino encima de los fideos. Enrolla la mezcla con la oblea, hasta la mitad y dobla los lados para que no salga el relleno. Coloca dos mitades de gamba encima del rollo, junto con unas hojas de menta y cilantro, y sigue enrollando todo para encerrar el relleno. Coloca en un plato y cubre con un paño húmedo mientras haces los demás rollos.
4. Coloca todos los rollos en un plato y sírvelos con salsas para mojar.

risi e bisi (sopa de arroz y guisantes)

ITALIA El popular *risi e bisi* («arroz y guisantes») se sirve en primavera durante la temporada de guisantes. Debe tener la consistencia de una sopa espesa o de un risotto caldoso y debe servirse con cuchara.

1,5 l (6 tazas) de caldo de pollo o de verduras
2 cucharaditas de aceite de oliva
40 g de mantequilla sin sal
1 cebolla pequeña, finamente picada
80 g de tocino, finamente picado
375 g de guisantes frescos o congelados
2 cucharadas de perejil picado
220 g (1 taza) de arroz arborio
50 g (½ taza) de queso parmesano rallado fino

PARA 4-6 PERSONAS

1 Vierte el caldo en una cacerola a fuego medio y deja hervir. Baja el fuego, tapa y mantén a fuego lento.

2 Calienta el aceite y la mitad de la mantequilla en una cacerola de fondo grueso, a fuego medio. Añade la cebolla y el tocino, y fríe durante 5 minutos, hasta que se ablande la cebolla.

3 Añade y remueve los guisantes, el perejil y 500 ml (2 tazas) del caldo. Deja cocer a fuego lento durante 6-8 minutos, removiendo bien.

4 Añade el arroz y el resto del caldo y deja cocer a fuego lento durante 12-15 minutos, removiéndolo ocasionalmente, o hasta que el arroz esté *al dente*.

5 Añade el parmesano y la mantequilla restante, y remueve. Sazona al gusto con sal y pimienta negra. Sirve inmediatamente.

corn chowder (crema de maíz)

ESTADOS UNIDOS *Chowder* es cualquier tipo de sopa espesada con harina o leche. Esta chowder de maíz es una reminiscencia de las chowders de almejas y pescado que habían sido tan populares entre los colonos irlandeses de Nueva Inglaterra, EEUU. Hoy en día hay muchas maneras de hacerlas.

90 g de mantequilla sin sal

2 cebollas grandes, picadas finamente

1 diente de ajo, machacado

2 cucharaditas de semillas de comino

1 litro (4 tazas) de caldo vegetal

2 patatas, peladas y cortadas

250 g (1 taza) de crema de maíz de lata

400 g (2 tazas) de mazorcas de maíz frescas (unas 4 mazorcas)

¼ de taza de perejil picado

125 g (1 taza) de queso cheddar rallado

3 cucharadas de nata para montar (opcional)

2 cucharadas de cebollinos cortados pequeños (opcional)

PARA 8 PERSONAS

1 Funde la mantequilla en una cacerola grande de fondo grueso, a fuego medio alto. Hecha la cebolla y fríe durante 5 minutos, o hasta que esté dorada.

2 Añade el ajo y el comino y fríe durante 1 minuto, removiéndolo constantemente. Agrega el caldo y deja hervir. Incorpora la patata, baja el fuego y deja cocer a fuego lento 10 minutos.

3 Añade la crema de maíz, las mazorcas y el perejil. Deja hervir, después baja el fuego, y deja cocer a fuego lento durante 10 minutos.

4 Añade el queso y sazona con sal y pimienta negra. Si utilizas nata, añádela ahora y calienta ligeramente hasta que se funda el queso. Sirve con los cebollinos si lo deseas.

ensalada thai noodles (de fideos estilo tailandés)

TAILANDIA La cocina tailandesa es una mezcla de sabores dulces y amargos, salados y especiados, y ha recibido influencia de países vecinos como China y la India. Como muchos países asiáticos, la comida tailandesa utiliza mucho arroz y fideos, hierbas frescas, jengibre y una variedad de salsas asiáticas.

200 g de fideos de soja verde

5 cebolletas cortadas en tiras

1 pimiento rojo sin semillas ni membranas, cortado en tiras

100 g (1 taza) de tirabeques, en trozos

500 g de gambas cocidas, peladas y sin venas, cortadas a lo largo

¼ de taza de hojas de cilantro

aderezo

2 cucharadas de jengibre fresco rallado fino

1 ½ cucharadas de salsa de soja

2 cucharadas de aceite de sésamo

2 cucharadas de vinagre de vino de arroz

3-4 cucharaditas de salsa dulce de chile

2 dientes de ajo, machacados

60 ml (¼ de taza) de kecap manis (salsa de soja dulce)

2 cucharadas de zumo de lima recién exprimida

PARA 4 PERSONAS

1. Pon los ingredientes del aderezo en un cuenco grande y mezcla con un tenedor.
2. Pon los fideos en un cuenco grande, cubre con agua caliente y deja en remojo durante 5 minutos, o hasta que se ablanden. Escurre bien y echa los fideos en el aderezo. Mezcla bien para cubrir los fideos con el aderezo.
3. Añade las cebolletas, el pimiento, los tirabeques, las gambas y el cilantro, y mezcla suavemente. Sirve la ensalada a temperatura ambiente.

work permits, etc.
Excellent compensation
tied to revenue
Respond to:
Expected salary to:
Co., Ltd.
Bangrak, Bangkok
BAGGAGE CHECKED
18JUN
900,00
50,00
950,00

seekh kebabs

PAKISTÁN Esta es la versión pakistaní de los pinchos de ternera. Según la leyenda, los inventaron unos soldados que usaban sus espadas para cocer la carne en las fogatas del campamento.

1 pizca de clavo molido
1 pizca de nuez moscada molida
½ cucharadita de guindilla en polvo
1 cucharadita de comino molido
2 cucharaditas de cilantro molido
3 dientes de ajo, machacados
1 trozo (5 cm) de jengibre fresco, rallado fino
500 g de carne picada de ternera
1 cucharada de aceite de oliva
2 cucharadas de zumo de limón recién exprimido

aderezo de cebolla y menta

1 cebolla roja, picada finamente
1 cucharada de vinagre de vino blanco
1 cucharada de zumo de limón recién exprimido
1 cucharada de hojas de menta picadas

PARA 4 PERSONAS

1 Deja en remojo 12 pinchos de madera durante 30 minutos, preferiblemente en agua fría, para que no se quemen durante la cocción.

2 Tuesta los clavos, la nuez moscada, la guindilla, el comino y el cilantro, sin aceite, en una sartén de fondo grueso a fuego lento durante 2 minutos, agitando la sartén regularmente. Transfiere esta mezcla a un cuenco con el jengibre y el ajo, y reserva.

3 Durante 3 minutos, amasa la ternera con las manos, hasta que se vuelva blanda y pegajosa, así la carne será más tierna una vez cocida. Añade las especias y mezcla hasta ligarlo bien. Sazona al gusto con sal y pimienta negra.

4 Con la ayuda de una cuchara haz bolas de carne y ensarta tres bolas en cada pincho, a 1 cm de distancia, y dales forma oval. Haz 12 pinchos.

5 Para hacer el aderezo, mezcla la cebolla, vinagre y limón y ponlo en la nevera 10 minutos. Justo antes de servir, añade la menta y la pimienta negra.

6 Precalienta una parrilla de barbacoa con aceite, o una parrilla de cocina a fuego alto y asa los kebabs durante 8 minutos, o hasta que estén hechos. Gira a menudo y rocía con zumo de limón. Sirve con el aderezo de cebolla y menta y una ensalada de zanahoria rallada.

ensalada de ternera estilo tailandés

TAILANDIA Lo mejor de la cocina tailandesa es la sencillez con la que se prepara y sus deliciosos sabores. Esta ensalada de ternera constituye una buena comida y utiliza sabores tradicionales de Tailandia como el cilantro y el ajo para amasar la carne.

3 dientes de ajo, picados

4 raíces de cilantro, picadas finamente

½ cucharadita de pimienta negra

60 ml (¼ de taza) de aceite de cacahuete

400 g de filete o solomillo de ternera

1 lechuga hoja de roble pequeña, con las hojas separadas

200 g de tomates cherry, cortados por la mitad

1 pepino pequeño, cortado en dos a lo largo y en rodajas

4 cebolletas, cortadas en aros

1 manojo grande de hojas de cilantro

aderezo

1 ½ cucharadas de salsa de pescado

2 cucharadas de zumo de lima recién exprimido

1 cucharada de salsa de soja

½ guindilla roja fresca larga, sin semillas, finamente picada

2 cucharaditas de azúcar moreno blando

PARA 4 PERSONAS

1 Pica finamente el ajo, las raíces de cilantro, la pimienta y 2 cucharadas del aceite en un mortero o robot de cocina para obtener una pasta grumosa. Extiende sobre cada lado de la carne.

2 Calienta el aceite restante en una sartén de fondo grueso o una parrilla, a fuego alto. Fríe durante 4 minutos por cada lado, girando la carne una vez, para que esté en su punto, o al gusto *(ver nota)*. Deja enfriar.

3 Mientras tanto, pon la lechuga, los tomates cherry, el pepino y las cebolletas en un cuenco grande.

4 Mezcla todos los ingredientes del aderezo hasta que se disuelva el azúcar.

5 Corta la carne en tiras delgadas y añade a la ensalada. Mezcla todo ligeramente. Rocía con el aderezo y espolvorea las hojas de cilantro por encima. Sirve inmediatamente.

Nota: No frías la carne demasiado: tiene que quedar de color rosado para que sea tierna y jugosa.

SELTZER

quiche lorraine

FRANCIA Existe una gran variedad de quiches; son tartas saladas hechas con huevos, nata, una masa ligera y diferentes sabores. Esta receta viene precisamente de la Lorraine, en Francia, y tradicionalmente incluye beicon y queso.

- 2 láminas de masa quebrada (o brisa) congelada
- 30 g de mantequilla
- 1 cebolla, picada finamente
- 4 lonchas de beicon, cortadas pequeñas
- 120 g (1 taza) de queso gruyère rallado
- 4 huevos
- 350 ml de nata espesa
- ½ cucharadita de nuez moscada molida
- 2 cucharadas de cebollinos picados

PARA 4 PERSONAS

1. Engrasa ligeramente cuatro tartaletas (12 cm) con base retirable. Forra los moldes con la masa y corta lo que sobre. Coloca los moldes en una bandeja y pon la masa en el congelador durante 30 minutos, o hasta que se congele.
2. Precalienta el horno a 190 °C (gas 5). Hornea la masa congelada durante 15 minutos, pero sin que se dore.
3. Mientras tanto, para el relleno, funde la mantequilla en una sartén pequeña y fríe la cebolla y el beicon a fuego medio durante 5 minutos, o hasta que se ablande la cebolla. Escurre sobre papel de cocina y reparte la mezcla entre los moldes de masa. Espolvorea con queso.
4. En una jarra bate los huevos y la nata y sazona con sal, pimienta negra y nuez moscada. Reparte la mezcla entre los moldes sobre la mezcla de beicon, y espolvorea los cebollinos. Hornea sobre la bandeja durante 20 minutos, o hasta que se cuaje el relleno, y deja en el molde 5 minutos antes de retirar. Saca con cuidado y sirve con una ensalada verde.

maki sushi (rollos de sushi)

JAPÓN En japonés *sushi* describe cualquier tipo de arroz cocido con vinagre de arroz, y una variedad de diferentes ingredientes, incluyendo el pescado, el pollo, las verduras y el tofu. Los que están enrollados en una hoja de alga nori se llaman *maki sushi.*

1 pepino pequeño

3 hojas de nori (algas secas)

½ aguacate maduro y firme, cortado en rodajas

185 g de atún en salmuera

30 g de jengibre en conserva (opcional)

125 g (½ taza) de mayonesa

1 a 2 cucharaditas de pasta de wasabi (opcional)

2 cucharaditas de salsa de soja

arroz de sushi

260 g (1 ¼ tazas) de arroz para sushi

60 ml (¼ de taza) de vinagre de arroz

1 cucharada de azúcar superfina

1 cucharadita de sal

PARA 18 UNIDADES

1 Pon el arroz y 435 ml (1 ¾ tazas) de agua en una cacerola con tapa hermética y deja hervir. Baja el fuego, y deja cocer 12-15 minutos, o hasta que se haya absorbido toda el agua. Deja aparte, tapado, durante 10 minutos.

2 Pon el vinagre, el azúcar y la sal en un cazo pequeño a fuego lento, y remueve hasta que se disuelvan el azúcar y la sal.

3 Transfiere el arroz a un recipiente grande, no metálico, y rocía con el vinagre de arroz sazonado. Con una cuchara o espátula grande, mezcla el vinagre con el arroz. Deja reposar, sin cubrir, durante 30 minutos, o hasta que se enfríe a temperatura ambiente.

4 Cuando estés preparado para hacer los rollos de sushi, corta el pepino en dos a lo largo y con una cucharadita retira las semillas. Ahora corta cada sección en 4 trozos.

5 Coloca una hoja de nori, con la cara brillante hacia abajo, sobre una estera de bambú para el sushi (con los listones en sentido horizontal). Con las manos mojadas, extiende una tercera parte del arroz sobre la alga nori, dejando un margen en el extremo opuesto. Coloca una tercera parte del pepino, aguacate, atún y jengibre, si quieres, a lo largo sobre el arroz, a una tercera parte del borde del arroz. Mezcla la mayonesa, el wasabi y la salsa de soja y extiende un poco por encima.

6 Con los pulgares y los dedos índices sujeta el relleno mientras levantas la estera de bambú para enrollar el sushi. Una vez enrollado, retira la estera y envuelve el sushi en papel film. Repite el proceso para hacer 2 rollos más.

7 Para servir, corta los extremos de los rollos con un cuchillo afilado; después corta cada rollo en seis trozos, y sirve con la mezcla restante de mayonesa y wasabi.

enchiladas

MÉXICO La enchilada es uno de los platos más populares de México, y la palabra significa simplemente «mojado en chile». Tradicionalmente se hacía con una tortilla de maíz que contenía pescado. Esta receta se basa en las enchiladas suizas, lo que significa que contiene queso y crema de leche.

- 2 cucharadas de aceite de oliva
- 1 cebolla, cortada en daditos
- 1 pimiento rojo, sin semillas ni membrana, y cortado en cubos
- 2 dientes de ajo, machacados
- 1 kg de ternera picada
- 2 cucharadas de comino molido
- 1 cucharada de pimentón dulce
- ½ cucharadita de guindilla en escamas
- 100 g (⅓ de taza) de puré de tomate concentrado
- 400 g (1 ⅔ tazas) de tomate troceado en conserva
- 400 g (2 tazas) de alubias rojas en conserva, lavadas y escurridas
- 12 tortillas de harina, de 25 cm de diámetro
- 450 g (1 ¾ tazas) de salsa de tomate con trozos
- 360 g de queso cheddar rallado
- crema agria y guacamole *(ver página 30)*, para acompañar

PARA 6-8 PERSONAS

1 Calienta 1 cucharada de aceite en una cacerola grande a fuego medio, y rehoga la cebolla y el pimiento durante 5 minutos, o hasta que estén blandos. Añade el ajo, cuece un minuto más y después retira.

2 En la misma cacerola, calienta la otra cucharada de aceite a fuego alto y sofríe la ternera hasta que se dore, deshaciendo los grumos con una cuchara de madera. Añade el comino, el pimentón y la guindilla en escamas. Incorpora a la mezcla de cebolla y pimiento el puré de tomate y los tomates; remueve y sazona al gusto. Tapa, baja el fuego y deja cocer a fuego lento durante 30 minutos. Añade las alubias, y deja enfriar.

3 Precalienta el horno a 180 °C (gas 4). Pon una hoja de papel vegetal en la bandeja del horno. Añade 1 cucharada de salsa y 4 cucharadas de ternera sobre cada tortilla y enróllalas sin que se salga el relleno. Colócalas en una bandeja y echa por encima la salsa restante y el queso.

4 Hornea durante 15 minutos o hasta que se funda el queso y las enchiladas estén calientes. Sirve con crema agria, guacamole y una ensalada verde.

tortilla de patatas

ESPAÑA La tortilla de patatas es uno de los platos más típicos de España. Tradicionalmente solo lleva patata y cebolla y al final se da la vuelta a la tortilla. Aquí se ofrece otra versión igual de rica.

4 patatas grandes, peladas y cortadas en rodajas regulares (3 mm)

8 huevos

80 ml (⅓ de taza) de leche

2 cucharadas de aceite de oliva

1 cebolla, finamente picada

1 pimiento rojo, sin semillas ni membranas, finamente picado

1 diente de ajo, picado fino

1 cucharadita de pimentón dulce, al gusto

⅓ de taza de perejil picado

PARA 6 PERSONAS

1. Cuece las patatas en una cacerola grande con agua hirviendo y sal durante 5 minutos o hasta que estén blandas. Escúrrelas.
2. Precalienta el grill a fuego medio alto. Bate los huevos y la leche en un cuenco grande y sazona con pimienta negra. Calienta el aceite a fuego medio alto en una sartén con mango a prueba de horno y sofríe la cebolla, el pimiento, el ajo y el pimentón durante 5 minutos, removiéndolo, hasta que se ablande la cebolla. Añade las patatas, espolvorea con el perejil y sazona al gusto.
3. Vierte la mezcla de huevo y leche sobre las patatas, y agita la sartén ligeramente para que la mezcla se extienda uniformemente por la base de la sartén. Fríe a fuego medio, sin remover, durante 5 minutos, o hasta que se cuaje la parte inferior de la tortilla.
4. Coloca la tortilla en la sartén debajo del grill precalentado durante 5 minutos, o hasta que se cuaje. Con una espátula, desliza la tortilla sobre un plato. Corta en porciones y sirve, caliente o fría, con una ensalada verde.

arroz frito

CHINA El arroz frito en China es una comida de campesinos, y una buena manera de reutilizar los restos de arroz hervido y verduras cocidas. No hay normas, salvo que el arroz tiene que estar cocido y enfriado antes de saltearlo.

- 80 ml (⅓ de taza) de aceite de cacahuete
- 3 huevos, batidos ligeramente
- 1 cebolla, cortada en daditos
- 100 g de lonchas de beicon, cortadas en trozos pequeños
- 2 dientes de ajo, machacados
- 1 cucharada de jengibre fresco rallado fino
- 1 cucharadita de azúcar superfino
- 1 cucharada de vino de arroz
- 740 g (4 tazas) de arroz hervido jazmín
- 80 g (½ taza) de guisantes, descongelados
- 80 g (½ taza) de maíz, descongelado
- 1 cucharada de salsa de ostras
- 4 cebolletas, cortadas en tiras
- ½ cucharadita de aceite de sésamo
- 1 cucharada de salsa de soja
- 1 guindilla roja fresca, sin semillas y cortada en trozos pequeños (opcional), como guarnición

PARA 4-6 PERSONAS

1 Calienta 1 cucharada del aceite en un wok grande a fuego medio-alto. Añade la mitad del huevo y haz girar el wok para cubrir la base y el lateral. Fríe el huevo durante un minuto, o hasta que se cuaje, y retira y enrolla. Repite con la otra mitad del huevo, corta finamente las dos tortillas, y deja aparte.

2 Calienta el aceite restante a fuego alto. Echa la cebolla y el beicon y saltea durante 2 minutos. Añade el ajo y el jengibre y cuece durante 2 minutos más.

3 Añade el azúcar y el vino de arroz y cuece durante un minuto, y después añade el arroz al wok, saltea durante 1 minuto más removiendo para que se cubra todo con la mezcla.

4 Añade el huevo, los guisantes, el maíz, la salsa de ostras, las cebolletas, el aceite de sésamo y la salsa de soja y saltea durante 3 minutos o hasta que esté hecho. Sirve inmediatamente y espolvorea con guindilla, si lo deseas.

Nota: Para hacer el arroz hervido, necesitarás 300 g (1½ tazas) de arroz crudo. Sigue las indicaciones del paquete.

ensalada niçoise

FRANCIA Este plato recibe su nombre de la región de Niza, en Provenza. Los ingredientes varían según las recetas (a veces incluye patatas hervidas), pero siempre debe llevar atún, anchoas y un huevo duro.

3 huevos

175 g de judías verdes, sin las puntas y cortadas a lo largo

80 ml (⅓ de taza) de aceite de oliva

2 cucharadas de vinagre de vino blanco

1 diente de ajo, cortado en dos

1 cogollo de lechuga, con las hojas separadas

1 pepino pequeño

1 tallo de apio

2 tomates maduros, cortados en gajos

1 pimiento rojo pequeño, sin semillas ni membranas, cortado en tiras

¼ de cebolla roja grande, cortada en tiras

425 g de atún en aceite, escurrido y deshecho en trozos

12 aceitunas negras

10 filetes de anchoa, escurridos (opcional)

2 cucharaditas de alcaparras, enjuagadas y escurridas

12 hojas de albahaca pequeñas

PARA 4 PERSONAS

1. Pon los huevos en un cazo con agua fría, y lleva a ebullición. Baja el fuego y deja cocer durante 3 minutos. Remueve al principio para centrar las yemas. Enfría los huevos bajo agua fría, pela y corta en cuartos.
2. Cuece las judías en una cacerola con agua hirviendo durante 2 minutos. Enjuaga con agua fría y escurre.
3. Para hacer el aderezo, bate el aceite y el vinagre.
4. Frota el ajo sobre los platos o un recipiente grande, y coloca las hojas de lechuga. Corta el pepino y el apio en tiras pequeñas. Pon una capa de huevo, tomate, judías, pepino, apio y pimiento sobre el cogollo. Esparce por encima la cebolla y el atún; añade las aceitunas, las anchoas, las alcaparras y la albahaca. Rocía con el aderezo y sirve.

platos únicos

laksa de gambas

MALASIA Esta sopa de fideos con curry picante es un plato tradicional de la cultura Peranakan (de las comunidades chinas mestizas), y combina los sabores típicos de China con la leche de coco, un ingrediente habitual en la cocina malaya. Si quieres, puedes sustituir las gambas por pollo.

- 1 kg de gambas grandes crudas
- 80 ml (⅓ de taza) aceite vegetal
- 1 cucharadita de pasta de gambas
- 2 guindillas frescas, sin semillas y finalmente picadas
- 1 cebolla picante
- 3 dientes de ajo, picados
- 1 trozo (2 cm) de jengibre fresco, pelado y cortado en cuatro
- 1 cucharadita de cúrcuma molida
- 1 cucharada de cilantro molido
- 3 tallos de limoncillo (solo la parte pálida), picados
- 550 ml de crema de coco (en lata)
- 2 cucharaditas de azúcar moreno
- 4 hojas de lima kafir, sin vena central y cortadas en tiras
- 1 cucharadita de sal
- 100 g de fideos finos frescos al huevo
- 90 g de dados de tofu, fritos
- 90 g de brotes de soja, con las puntas cortadas
- hojas de menta y de cilantro, para guarnición
- gajos de limón, para guarnición

PARA 4-6 PERSONAS

1. Pela las gambas y quítales la vena central. Reserva las cáscaras, las cabezas y las colas.
2. Calienta 2 cucharadas del aceite en una cacerola grande de fondo grueso, y echa las cáscaras, cabezas y colas de las gambas. Remueve hasta que las cabezas sean de color naranja brillante y después añade 1,25 l (5 tazas) de agua. Lleva a ebullición. Baja el fuego, y deja cocer durante 15 minutos. Escurre y tira las cáscaras. Lava la cacerola.
3. Precalienta el grill de la cocina a temperatura alta. Envuelve la pasta de gambas en papel de aluminio, y colócala bajo el grill durante 3 minutos por cada lado o hasta que se sienta su aroma. Quita el papel de aluminio y coloca la pasta en un robot de cocina con la guindilla, la cebolla, el ajo, el jengibre, la cúrcuma, el cilantro, el limoncillo y 60 ml (¼ de taza) del caldo de gambas. Bate hasta formar una pasta.
4. Calienta el aceite restante en la cacerola limpia, a fuego medio, y fríe la mezcla de guindilla durante 3 minutos y remueve. Añade el resto del caldo y deja cocer durante 10 minutos. Después agrega la crema de coco, el azúcar moreno, las hojas de lima y la sal y deja cocer durante 5 minutos.
5. Mientras tanto, pon agua a hervir en una cacerola mediana y cuece los fideos durante 2 minutos, o hasta que estén tiernos. Escurre y reparte entre los cuencos.
6. Incorpora a la sopa las gambas y deja cocer durante 1 minuto, y después añade el tofu y deja cocer durante 3-5 minutos más, o hasta que las gambas estén de color rosa y el tofu esté hecho.
7. Reparte los brotes de soja entre los cuencos y sirve la sopa. Espolvorea con las hojas de menta y de cilantro, y añade unos gajos de limón.

sopa de maíz enano y pollo

CHINA Hay una gran variedad de sopas y caldos de pollo en todo el mundo, pero esta versión con maíz es una de las preferidas en China, y utiliza muchos ingredientes típicos de la cocina asiática como el limoncillo, el jengibre, la guindilla y la salsa de soja.

150 g de mazorcas de maíz enano enteras *(ver nota)*

1 cucharada de aceite de oliva

2 tallos de limoncillo (solo la parte pálida), cortados en tiras

2 cucharadas de jengibre fresco rallado

6 cebolletas, cortadas en tiras

1 guindilla fresca, finamente picadas

1 litro (4 tazas) de caldo de pollo

375 ml (1 ½ tazas) de leche de coco

250 g de pechuga de pollo, deshuesada y sin piel, cortada en tiras

125 g de crema de maíz de lata

1 cucharada de salsa de soja

2 cucharadas de cebollinos, cortados con tijeras

1 guindilla roja fresca, cortada en trozos pequeños en tiras longitudinales, como guarnición (opcional)

PARA 4 PERSONAS

1 Corta las mazorcas enanas en dos o en cuatro a lo largo, según su tamaño.

2 Calienta el aceite en una cacerola a fuego medio y rehoga el limoncillo, el jengibre, las cebolletas y la guindilla, y remueve constantemente, durante 1 minuto, o hasta que suelten sus aromas.

3 Añade el caldo y la leche de coco y deja hervir. No tapes la cacerola porque si no se cortará la leche de coco.

4 Añade el maíz, el pollo y la crema de maíz y deja cocer a fuego lento durante 5 minutos, o hasta que el pollo esté hecho.

5 Añade la salsa de soja, sazona bien con sal y pimienta negra, y sirve en cuencos. Esparce el cebollino y la guindilla.

Nota: Puedes sustituir el maíz fresco por maíz enano en conserva. Agrégalo en los 2 últimos minutos de cocción.

minestrone con pesto

ITALIA La receta para esta popular sopa italiana varía según la región donde se prepara. Puedes incluir diferentes verduras, carne, legumbres e incluso arroz o pasta.

60 ml (¼ de taza) de aceite de oliva

1 cebolla grande, finamente picada

2 dientes de ajo, machacados

60 g de tocino, finamente picado

1 tallo de apio, cortado por la mitad y en tiras

1 zanahoria, cortada en dos y en tiras

1 patata, cortada en daditos

2 cucharaditas de puré de tomate (concentrado)

400 g (1 ⅔ tazas) de tomate troceado de lata

2 cucharadas de hojas de albahaca rotas

2 litros (8 tazas) de caldo de verduras o de pollo

2 calabacines, cortados en rodajas (1,5 cm)

115 g (¾ de taza) de guisantes congelados

60 g de judías verdes, cortadas en trozos pequeños

400 g (1 ¾ tazas) de alubias rojas de lata, y escurridas

70 g (¾ de taza) de pistones u otra pasta de tamaño pequeño

80 g (2 tazas) de hojas pequeñas de espinacas

¼ de taza de perejil picado

pesto

2 tazas de hojas de albahaca

20 g de piñones tostados ligeramente

2 dientes de ajo

100 ml de aceite de oliva

25 g (¼ de taza) de queso parmesano rallado fino

PARA 6 PERSONAS

1 Calienta el aceite en una cacerola grande a fuego lento. Añade la cebolla, el ajo y el tocino y deja cocer de 8 a 10 minutos, removiéndolo a menudo.

2 Añade el apio, la zanahoria y la patata y deja cocer durante 5 minutos. Con una cuchara añade el puré de tomate, los tomates y la albahaca. También añade el caldo y deja hervir lentamente. Deja cocer durante 30 minutos, removiendo a menudo, o hasta que se reduzca.

3 Añade el calabacín, los guisantes, las judías verdes, las alubias y la pasta, y deja cocer de 8 a 10 minutos, o hasta que la verdura esté cocida y la pasta al dente. Sazona al gusto con sal y pimienta negra.

4 Mientras tanto, para el pesto, pon la albahaca, los piñones, el ajo y una pizca de sal en un robot de cocina y pica finamente. Con el robot encendido todavía, añade el aceite lentamente hasta que esté ligado. Transfiere a un cuenco y con una cuchara añade el parmesano y sazona al gusto con sal y pimienta negra.

5 Justo antes de servir, añade las espinacas y el perejil y remueve. Reparte en cuencos de sopa, con una cucharada de pesto por encima. Sirve acompañado de rebanadas de pan crujiente.

tortitas de salmón y patata

IRLANDA En Irlanda se consumen más patatas que en ningún otro país del mundo. Hace muchos años, cuando estaban bajo el dominio inglés, la humilde patata proporcionaba a los irlandeses una comida barata y nutritiva. Hoy en día, las tortitas de patata y salmón son todavía un plato muy querido.

700 g de patatas, peladas y cortadas en trozos pequeños

50 g de mantequilla

60 ml (¼ de taza) de leche

415 g de salmón rojo en lata

1 cucharada de alcaparras pequeñas, lavadas y escurridas

1 cáscara de limón, rallada fina

1 cucharada de zumo de limón recién exprimido

1 huevo, batido ligeramente

125 g (1 ¼ tazas) de pan rallado

80 ml (⅓ de taza) de aceite vegetal

PARA 4 PERSONAS

1 Cuece las patatas en una cacerola con agua hirviendo hasta que estén blandas. Escurre bien. Transfiérelas a un cuenco con la mantequilla, y cháfalas hasta conseguir una masa homogénea. Añade la leche, sazona al gusto con sal y pimienta negra, y remueve con una cuchara de madera hasta que todo esté bien ligado.

2 Escurre el salmón, ponlo en un cuenco y separa la carne y las espinas con un tenedor. Añade la mezcla de patata, las alcaparras, la cáscara de limón, el zumo de limón, el huevo y 1 cucharada de pan rallado, y mezcla y liga todo bien.

3 Extiende el pan rallado restante sobre un plato. Coge ¼ de taza de la mezcla de patata, y con las manos forma una tortita redonda (2 cm) y cubre con el pan. Haz 12 tortitas y déjalas en la nevera durante 30 minutos.

4 Calienta el aceite en una sartén grande a fuego medio-alto. Fríe las tortitas en tandas durante 4 minutos por cada lado, o hasta que se doren y estén calientes. Sirve con una ensalada y salsa tártara.

pastitsio (pastel de pasta y carne)

GRECIA **Este típico plato griego tiene influencia italiana, y es parecido a la lasaña, salvo que se utilizan coditos de pasta en lugar de las láminas de pasta.**

150 g (1 taza) de coditos de pasta

40 g de mantequilla

¼ de cucharadita de nuez moscada molida

60 g (2/3 de taza) de queso parmesano, o kefalotyri, rallado

1 huevo, ligeramente batido

salsa de carne

2 cucharadas de aceite de oliva

1 cebolla finamente picada

2 dientes de ajo machacados

500 g de carne picada de ternera

375 ml (1 ½ tazas) de caldo de carne

60 g (¼ de taza) de puré de tomate (concentrado)

salsa bechamel

40 g de mantequilla

1 ½ cucharadas de harina

375 ml (1 ½ tazas) de leche

una pizca de nuez moscada molida

1 huevo, ligeramente batido

PARA 6 PERSONAS

1 Precalienta el horno a 180 °C (gas 4). Engrasa ligeramente una fuente refractaria grande de 1,5 l.

2 Hierve los coditos en una cacerola grande con agua hirviendo con sal durante 10 minutos, o hasta que la pasta esté al dente. Funde la mantequilla en un cazo pequeño y viértela sobre la pasta. Incorpora la nuez moscada y la mitad del queso, y sazona al gusto con sal y pimienta negra. Deja enfriar, añade el huevo y deja aparte.

3 Para la salsa de carne, calienta el aceite en una sartén grande a fuego medio. Incorpora la cebolla y el ajo y deja cocer durante 8 minutos, o hasta que la cebolla esté blanda. Sube el fuego, añade la carne y fríe durante 5 minutos, o hasta que esté dorada. Añade el caldo, el puré de tomate y el orégano, tápalo y deja cocer 20 minutos.

4 Mientras tanto, haz la salsa bechamel. Funde la mantequilla en un cazo pequeño a fuego lento. Agrega la harina y deja cocer durante 1 minuto, o hasta que empiece a formar una espuma. Retira del fuego y añade la leche poco a poco mientras remueves la mezcla. Pon de nuevo en el fuego y remueve constantemente hasta que hierva y se espese. Baja el fuego y deja cocer durante 2 minutos, y después añade la nuez moscada y sazona al gusto. Deja enfriar antes de añadir el huevo. Añade 3 cucharadas de salsa bechamel a la salsa de carne.

5 Extiende la mitad de la salsa de carne en la fuente refractaria, y coloca encima una capa de pasta. Añade otra capa de carne y otra capa de pasta y aplana todo con una cuchara. Vierte la salsa bechamel sobre la pasta y espolvorea con el queso restante.

6 Deja cocer 45-50 minutos, o hasta que esté dorado. Deja enfriar 15 minutos antes de cortar y servir.

Nota: **Se puede utilizar cualquier pasta tubular en lugar de los coditos.**

osso buco con gremolata

ITALIA *Osso buco* en italiano significa «hueso con agujero» o hueso de la médula ósea, referido al corte de ternera que se utiliza para este plato milanés. La carne con el hueso se sofríe con poco aceite, y se guisa con tomate, ajo y cebolla.

2 cucharadas de aceite de oliva
1 cebolla, finamente picada
1 diente de ajo, machacado
1 kg de jarrete de ternera (osso buco)
2 cucharadas de harina
400 g (1 2/3 tazas) de tomates troceados en lata
500 ml (2 tazas) de caldo de pollo

gremolata

2 cucharadas de perejil finamente picado
1 cáscara de limón, en tiras finas o rallada
1 diente de ajo, picado

PARA 4 PERSONAS

1 Calienta la mitad del aceite en una cacerola grande de fondo grueso, a fuego lento. Añade la cebolla y rehoga durante 10 minutos, o hasta que la cebolla esté blanda. Agrega el ajo y deja cocer durante 1 minuto más, o hasta que suelte su aroma. Ponlo en un plato y reserva.

2 Calienta el resto del aceite en la misma cacerola y añade la carne en tandas. Déjala dorar a fuego medio-alto durante 6-7 minutos, girándola una vez. Pon la carne en una fuente y reserva.

3 Vuelve a echar la cebolla en la cacerola y añade la harina con una cuchara, removiéndola durante 30 segundos y retira del fuego. Añade los tomates y el caldo hasta que todo esté bien ligado. Agrega la carne a la cacerola y deja cocer, agitándola de vez en cuando. Baja el fuego, tapa y deja cocer a fuego lento 2 horas, o hasta que la carne esté muy tierna y casi se separe del hueso.

4 Para la gremolata, mezcla todos los ingredientes en un cuenco.

5 Sirve el osso buco espolvoreado con la gremolata, y acompañado con un arroz al vapor.

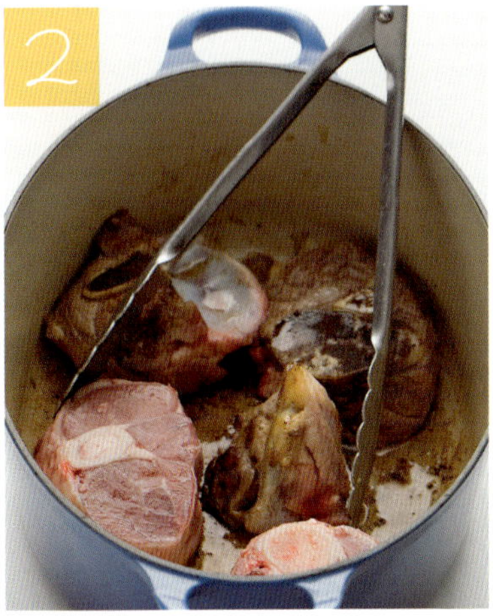

pad thai

TAILANDIA Este popular plato de fideos de arroz llegó a la antigua capital de Tailandia, Ayutthaya, a través de los comerciantes vietnamitas. Se hizo popular en los años 1930 y 1940 cuando su Primer Ministro puso en marcha una campaña para enseñar a hacer fideos de arroz, a fin de reducir el consumo de arroz y poder aumentar su exportación.

- 250 g de fideos de arroz
- 1 cucharada de pasta de tamarindo
- 1 guindilla roja fresca pequeña, picada
- 2 dientes de ajo, picados
- 2 cebolletas, cortadas en tiras
- 1 ½ cucharadas de azúcar moreno
- 2 cucharadas de salsa de pescado
- 2 cucharadas de aceite de cacahuete
- 2 huevos, batidos
- 150 g de solomillo de cerdo, cortado en tiras
- 8 gambas grandes, peladas y desvenadas
- 100 g de dados de tofu, fritos y cortados finos
- 90 g (1 taza) de brotes de soja, con las puntas cortadas
- 40 g (¼ de taza) de cacahuetes tostados y picados
- ¼ de taza de hojas de cilantro
- rodajas de lima, como guarnición

PARA 4 PERSONAS

1. Pon los fideos en un cuenco a prueba de calor, cubre con agua caliente y deja en remojo durante 15-20 minutos, o hasta que se ablanden. Escurre bien.
2. Mezcla la pasta de tamarindo con 1 cucharada de agua. Echa la guindilla, el ajo y la cebolleta en un robot de cocina, molinillo de especias o mortero, y muele hasta conseguir una pasta homogénea. Transfiere a un cuenco. Incorpora la mezcla de tamarindo y el azúcar moreno, la salsa de pescado, el zumo de lima. Remueve bien para que todo quede bien ligado.
3. Calienta 1 cucharada de aceite en el wok a fuego alto moviéndolo en círculos para cubrir la base y los laterales. Añade el huevo, muévelo de nuevo y fríe durante 1-2 minutos, o hasta que el huevo se cuaje como una tortilla. Retira del wok, y corta en tiras finas.
4. Calienta el resto del aceite en el wok, añade la mezcla de guindilla, y fríe durante 30 segundos o hasta que suelte su aroma. Añade la carne de cerdo y las gambas y saltea unos 2 minutos más, o hasta que el cerdo esté tierno y las gambas estén de color rosa y estén cocidas.
5. Añade los fideos, el huevo, el tofu y los brotes de soja al wok y saltea para calentar todo. Sirve inmediatamente y espolvorea con los cacahuetes, el cilantro y las rodajas de lima.

garídes saganaki (gambas con feta al horno)

GRECIA Este sabroso plato es fácil de preparar e incluye algunos de los ingredientes más habituales de su país de origen: las gambas frescas del mar Mediterráneo, los tomates de temporada, y el queso feta, con su sabor amargo y salado. A los griegos les encanta cocinar las gambas de esta manera.

2 cucharadas de aceite de oliva

1 cebolla grande, finamente picada

1 diente de ajo, machacado

700 g de tomates maduros, cortados a dados

80 ml (⅓ de taza) de zumo de limón recién exprimido

⅓ de taza de hojas de orégano, o 1 cucharadita de orégano seco

20 gambas crudas peladas y desvenadas, pero con las colas

120 g de queso feta

2 cucharadas de aceite virgen extra, para rociar

perejil picado, para servir

PARA 4 PERSONAS

1 Precalienta el horno a 180 °C (gas 4).

2 Calienta el aceite en una cacerola a fuego medio. Sofríe la cebolla, removiéndola de vez en cuando, durante 5 minutos o hasta que la cebolla esté blanda. Añade el tomate y deja cocer durante 10 minutos, o hasta que se reduzca un poco y se espese. Agrega el zumo de limón y el orégano y mezcla. Sazona al gusto con sal y pimienta negra.

3 Reparte la salsa en cuatro recipientes refractarios de 375 ml (1 ½ tazas). Pon cinco gambas en cada recipiente encima de la salsa y el queso feta roto a trocitos. Rocía con el aceite virgen extra y espolvorea con más pimienta negra, al gusto.

4 Hornea durante 30 minutos, o hasta que las gambas estén de color rosado y cocidas. Sirve inmediatamente con ensalada y pan crujiente.

penne alla napolitana

ITALIA La salsa napolitana es una receta vegetariana originaria de Nápoles. Es un plato imprescindible del sur de Italia y se atribuye a los tiempos en que escaseaba la carne. En aquellos días hacía referencia a cualquier salsa de tomate condimentada con cebolla, albahaca y perejil.

2 cucharadas de aceite de oliva
1 cebolla, finamente picada
1 zanahoria pequeña, finamente picada
1 tallo de apio, finamente picado
2 dientes de ajo, finamente picados
800 g (3 ¼ tazas) de tomates troceados de lata
1 cucharada de puré de tomate concentrado
¼ de taza de hojas de albahaca desmenuzadas
500 g de macarrones o penne
queso parmesano rallado grueso

PARA 4-6 PERSONAS

1 Calienta el aceite en una sartén grande a fuego medio. Sofríe la cebolla durante 5 minutos, o hasta que esté blanda. Agrega la zanahoria y el apio y sofríe durante 5 minutos, después añade el ajo y deja cocer 1 minuto más.

2 Añade los tomates y el puré de tomate. Deja cocer durante 20 minutos, removiendo de vez en cuando, hasta que se espese. Incorpora la albahaca y sazona al gusto con sal y pimienta negra.

3 Mientras tanto, hierve la pasta en una cacerola con agua hirviendo con sal, durante 8-10 minutos, o hasta que esté al dente. Escurre bien y devuelve a la cacerola. Añade la salsa y mezcla bien.

4 Reparte en cuencos, espolvorea con el parmesano, y acompaña con una ensalada verde.

nasi goreng

INDONESIA Literalmente el nombre de este plato se traduce como «arroz frito», y es su plato nacional. Habitualmente se sazona con kecap manis, una salsa de soja dulce, densa y de sabor intenso.

2 cucharadas de pasta de gambas

2 guindillas rojas frescas largas, sin semillas y finamente picadas

8 dientes de ajo, finamente picados

aceite vegetal, para cocinar

2 huevos, ligeramente batidos

350 g de muslos de pollo sin hueso ni piel, cortados en tiras finas

200 g (8 tazas) de arroz blanco frío *(ver nota)*

80 ml (1/3 de taza) de kecap manis

2 cucharadas de salsa de soja

2 pepinos pequeños, picados

1 tomate grande maduro, picado

rodajas de lima, para servir

PARA 6 PERSONAS

1 Precalienta el grill de la cocina a temperatura alta. Envuelve la pasta de gambas en papel de aluminio y ponla bajo el grill durante 3 minutos por cada lado, o hasta que se sienta su aroma. Pon la pasta de gambas, la guindilla y el ajo en un robot de cocina y procesa hasta que se forme una pasta.

2 Calienta 1 cucharada de aceite en un wok a fuego alto y hazlo girar para repartirlo por los laterales. Añade el huevo, hazlo girar de nuevo y deja cocer 1-2 minutos, o hasta que se forme una tortilla. Retira, enrolla y corta en tiras delgadas.

3 Calienta 1 cucharada de aceite en el wok a fuego alto y fríe el pollo y la mitad del puré de guindilla durante 3-4 minutos, o hasta que el pollo esté hecho. Retira del wok.

4 Calienta 1 cucharada de aceite en el work y fríe las gambas y el resto del puré de guindilla durante 2-3 minutos, o hasta que las gambas cambien de color y estén hechas. Retira del wok y reserva.

5 Calienta 1 cucharada de aceite en el wok a fuego medio. Añade el arroz y saltea durante 4-5 minutos. Añade el kecap manis y la salsa de soja y remueve constantemente hasta que todo el arroz esté cubierto con las salsas. Devuelve el pollo y las gambas al wok y calientalo. Reparte en cuencos y echa encima las tiras de tortilla, el pepino y el tomate, y acompaña con las rodajas de limón.

Nota: Es recomendable cocer el arroz el día anterior para que esté un poco seco. Déjalo en un recipiente tapado en la nevera.

kefte de cordero (albóndigas de cordero)

MARRUECOS Esta receta de albóndigas de cordero es originaria del Norte de África y se conoce como *kefta ghan'mi bel'*. Se mezcla la carne picada de cordero con hierbas aromáticas y especias, y después se cuece al horno y se sirve con una salsa picante de tomate y harissa.

1 kg de carne picada de cordero
1 cebolla, finamente picada
2 dientes de ajo, finamente picados
2 cucharadas de perejil finamente picado
2 cucharadas de cilantro finamente picado
½ cucharadita de pimentón picante
½ cucharadita de pimienta de Jamaica molida
½ cucharadita de jengibre molido
½ cucharadita de cardamomo molido
1 cucharadita de comino molido
1 cucharadita de pimentón

salsa

2 cucharadas de aceite de oliva
1 cebolla, finamente picada
2 dientes de ajo, finamente picados
2 cucharaditas de comino molido
½ cucharadita de canela molida
1 cucharadita de pimentón
800 g (3 ¼ tazas) de tomates de lata cortados
2 cucharaditas de harissa
⅓ de taza de hojas de cilantro picadas

PARA 4-6 PERSONAS

1 Precalienta el horno a 180 °C (gas 4). Engrasa ligeramente dos bandejas para el horno.

2 En una fuente honda, mezcla la carne picada, el pimentón picante, la pimienta de Jamaica, el jengibre, el cardamomo, el comino y el pimentón. Sazona al gusto. Coge una cucharadita de la mezcla y haz una bolita. Repite, y coloca las bolitas en las bandejas. Hornea durante 15 minutos, o hasta que se doren.

3 Mientras tanto, para la salsa, calienta el aceite en una sartén grande a fuego medio. Sofríe la cebolla durante 8 minutos, o hasta que esté blanda. Añade el ajo, el comino, la canela y el pimentón, y cuece durante 1 minuto, o hasta que suelten sus aromas. Agrega los tomates y la harissa, mezcla y pon a hervir. Baja el fuego y deja cocer durante 20 minutos. Sazona al gusto con sal y pimienta negra.

4 Añade las albóndigas a la sartén y deja cocer en la salsa durante 10 minutos o hasta que estén calientes. Añade el cilantro, mezcla y sazona bien. Sirve las albóndigas con salsa y cuscús.

satay de pollo

INDONESIA *Satay* es el nombre indonesio para los platos de carnes marinadas, ensartadas en brochetas para ir a la parrilla y acompañadas de una salsa. En Indonesia, y otros países del sudeste asiático, de donde son originarios, los pinchos de satay se sirven con una deliciosa salsa de cacahuete.

500 g de muslos de pollo, sin hueso ni piel

1 cebolla, finamente picada

2 tallos de limoncillo, solo la parte blanca, cortados

4 dientes de ajo

2 guindillas rojas largas frescas, sin semillas y picadas

2 cucharaditas de cilantro molido

1 cucharadita de comino molido

½ cucharadita de sal

1 cucharada de azúcar moreno blando

1 cucharada de salsa de soja

aceite de cacahuete para cocinar

salsa de cacahuete

165 g (²⁄₃ de taza) de mantequilla de cacahuete con trozos

250 m (1 taza) de leche de coco

1-2 cucharadas de salsa de chile dulce

1 cucharada de salsa de soja

2 cucharaditas de zumo de limón recién exprimido

PARA 4 PERSONAS

1 Deja en remojo 16 pinchos de madera durante 30 minutos, en agua fría, para que no se quemen durante la cocción.

2 Corta el pollo en tiras gruesas y ensártalas en los pinchos.

3 Echa la cebolla, el limoncillo, el ajo, la guindilla, el cilantro, el comino, la sal, el azúcar, la salsa de soja y 1 cucharada del aceite de cacahuete en un robot de cocina, y bate hasta conseguir una mezcla cremosa. Extiende sobre el pollo y cubre con papel film. Déjalo en la nevera durante 30 minutos.

4 Para la salsa, mezcla todos los ingredientes en una cacerola con 125 ml (½ taza) de agua. Remueve a fuego medio hasta que hierva. Retira del fuego; la salsa se espesará sola.

5 Engrasa una parrilla de cocina o una barbacoa con aceite, y calienta a fuego alto. Deja cocer los pinchos, en tandas si es necesario, durante 2-3 minutos por cada lado.

6 Sirve con la salsa de cacahuete, tiras de pepino, cacahuetes picados y arroz jazmín, si lo deseas.

gnocchi con salsa de tomate

ITALIA La primera receta de ñoquis proviene del siglo XIV, cuando estas bolitas se hacían con harina de sémola. Mucho más tarde, en el siglo XVI, se empezó a utilizar la patata. En italiano, *gnocchi* significa «bolita», como su forma.

500 g de gnocchi

queso parmesano recién rallado, para servir

salsa de tomate

1 kg de tomates, pelados y troceados

2 dientes de ajo, machacados

125 ml (½ taza) de caldo de verdura o de pollo

¼ de taza de hojas de albahaca finamente picadas

1 cucharadita de azúcar, o al gusto

PARA 4 PERSONAS

1 Para la salsa, pon el tomate, el ajo y el caldo en una cacerola a fuego alto y lleva a ebullición. Baja el fuego y deja hervir a fuego lento 20-25 minutos, removiendo de vez en cuando, hasta que espese. Añade la albahaca, mezcla y sazona al gusto con azúcar, sal y pimienta negra.

2 Cuece los gnocchi en una olla con agua hirviendo. Cuando están listos, flotan en la superficie. Escurre bien.

3 Añade los gnocchi calientes a la salsa y utiliza una espátula o una cuchara metálica para mezclar suavemente los gnocchi con la salsa. Sirve en cuencos calientes, espolvorea con parmesano, y acompaña con ensalada y pan.

risotto de zanahoria y calabaza

ITALIA *Risotto* deriva de *riso* que significa «arroz» en italiano, y es una de las maneras más populares de preparar este alimento básico. Para conseguir la consistencia cremosa del risotto, deberíamos remover el arroz constantemente mientras se cuece lentamente en el caldo.

90 g de mantequilla sin sal

1 cebolla, finamente picada

400 g de calabaza, pelada, sin semillas y cortada en trozos de 1 cm

3 zanahorias, cortadas en trozos de 1 cm

2 litros (8 tazas) de caldo de verdura o de pollo

440 g (2 tazas) de arroz arborio

100 g (1 taza) de queso parmesano rallado

¼ de cucharadita de nuez moscada molida

½ cucharadita de hojas de tomillo

PARA 6 PERSONAS

1 Calienta 60 g de mantequilla en una cacerola de fondo grueso a fuego medio. Sofríe la cebolla 3 minutos, o hasta que se ablande. Añade la calabaza y la zanahoria y sofríe 6-8 minutos. Aplasta las verduras un poco.

2 Mientras tanto, lleva a ebullición el caldo en una olla aparte. Mantenlo a fuego lento.

3 Añade el arroz a las verduras y cuece durante 1-2 minutos, removiéndolo. Añade 125 ml (½ taza) del caldo y deja cocer, removiendo constantemente, hasta que haya absorbido todo el líquido. Sigue añadiendo caldo, ½ taza cada vez, y removiendo. Asegúrate de que todo el caldo ha sido absorbido antes de añadir más. Deja cocer 20-25 minutos, o hasta que el arroz esté *al dente* y cremoso.

4 Retira del fuego, añade el resto de la mantequilla con una cuchara, junto con el parmesano, la nuez moscada y el tomillo. Sirve inmediatamente.

fideos al estilo de singapur

CHINA Nadie sabe realmente el origen de este plato de fideos, aunque lo más probable es que llegara de China hace muchas generaciones. Hoy en día, es un plato habitual en los menús de todo el mundo.

150 g de fideos de arroz secos

250 g de cerdo chino a la barbacoa *(char siu)*

aceite vegetal, para cocinar

250 g de gambas grandes crudas, peladas y desvenadas, cortadas en trozos pequeños

1 ½ cucharadas de curry en polvo

2 dientes de ajo, machacados

1 cebolla, finamente picada

100 g de setas shiitake, cortadas en láminas

100 g de judías verdes, cortadas en trozos pequeños

1 cucharada de salsa de soja

4 cebolletas, cortadas en trozos pequeños

PARA 4-6 PERSONAS

1 Pon los fideos en una fuente honda, cubre con agua hirviendo y deja en remojo 5 minutos. Escurre bien y extiende sobre papel de cocina o un paño limpio de cocina para acabar de secar.

2 Corta el cerdo en tiras finas y regulares, y calienta 1 cucharada de aceite en el wok a fuego medio-alto. Haz girar el wok para engrasar los costados y fríe el cerdo y los trozos de gamba, en tandas, durante 2 minutos, o hasta que las gambas estén rosadas y cocidas. Retira del wok y reserva.

3 Calienta 2 cucharadas de aceite en el wok a fuego medio y sofríe el curry y el ajo 1-2 minutos, o hasta que suelten sus aromas. Añade la cebolla y las setas, y sofríelas 2-3 minutos, o hasta que estén tiernas.

4 Devuelve el cerdo y las gambas al wok, añade las judías y 125 ml (½ taza) de agua, y mezcla bien. Deja cocer 3 minutos, o hasta que las judías sean de color verde brillante. Añade los fideos escurridos, la salsa de soja y las cebolletas. Saltea bien y sirve inmediatamente.

curry de pescado del sur de la india

INDIA Los currys de la India son bien conocidos por sus sabores especiados y sus colores vivos. Este curry de pescado es típico del sur de la India, con leche de coco, tomates y una mezcla de especias que incluyen canela, cúrcuma y guindilla.

- 1 cucharada de aceite vegetal
- 1 cebolla, cortada en aros
- 2 dientes de ajo, machacados
- trozo de jengibre fresco de 5 cm, rallado
- 2 cucharaditas de cilantro molido
- 1 cucharadita de cúrcuma
- ¼ de cucharadita de guindilla en polvo
- 1 palo de canela
- 400 g (1 ⅔ tazas) de tomates troceados en lata
- 250 ml (1 taza) de caldo de verdura o de pescado
- 80 ml (⅓ de taza) de leche de coco
- 600 g de filetes de pescado blanco, sin espinas, ni piel y cortado en trozos de 2,5 cm
- 100 g (2 tazas) de hojas pequeñas de espinacas

PARA 4 PERSONAS

1 Calienta el aceite en una cacerola grande a fuego medio. Sofríe la cebolla durante 8 minutos, o hasta que se ablande. Añade el ajo, el jengibre, el cilantro, la cúrcuma, la guindilla y la canela, remueve y deja cocer 2-3 minutos, o hasta que desprendan sus aromas. Agrega los tomates, el caldo y la leche de coco y deja hervir. Después baja el fuego y deja cocer durante 15 minutos.

2 Añade los trozos de pescado y deja cocer a fuego lento durante 2 minutos, después añade las espinacas, mézclalas, y cuece 2 minutos más, o hasta que el pescado esté hecho y las espinacas cambian de textura. Sazona con sal y pimienta negra, y sirve acompañado de arroz basmati y gajos de limón.

毛主席语录
革命就是解放生产力

fideos hokkien con ternera

CHINA Los fideos hokkien provienen de China, pero también figuran en muchas comidas de Malasia y Singapur. Se dice que los inmigrantes chinos los trajeron de la provincia de Fujian, en el sudeste de China. Son estupendos con verduras o carnes salteadas.

350 g de filete de ternera
100 g de tirabeques
600 g de fideos hokkien frescos (de huevo)
2 cucharadas de aceite de cacahuete
1 cebolla, cortada en aros finos
1 zanahoria grande, cortada por la mitad y en tiras
1 pimiento rojo, sin semillas ni membranas y cortado en tiras
2 dientes de ajo, machacados
200 g de setas shiitake, cortadas en láminas
60 ml (¼ de taza) de salsa de ostras
2 cucharadas de salsa de soja ligera
1 cucharada de azúcar moreno blando
½ cucharadita del polvo de 5 especias chinas

PARA 4 PERSONAS

1 Corta el filete en tiras, en sentido contrario al veteado. Corta los dos extremos de los tirabeques y corta por la mitad con un corte diagonal. Deja los fideos en remojo 10 minutos en un cuenco grande con agua hirviendo.

2 Calienta la mitad del aceite en un wok a fuego alto. Saltea la carne rápidamente, en tandas, hasta que empiece a dorarse. Retira, coloca en un plato y reserva.

3 Calienta el resto del aceite en el wok a fuego alto. Sofríe la cebolla, la zanahoria y el pimiento 2-3 minutos, o hasta que se ablanden. Añade el ajo, el jengibre, los tirabeques y las setas shiitake y deja cocer 1 minuto más.

4 Separa los fideos con un tenedor, y escurre. Añade al wok con la carne y saltea bien. Mezcla la salsa de ostras con la salsa de soja, el azúcar, el polvo de 5 especias y 1 cucharada de agua, y vierte sobre los fideos. Saltea todo hasta que los fideos estén calientes y cubiertos con la salsa. Sirve inmediatamente.

yakitori de pollo

JAPÓN Normalmente *yakitori* se refiere a trozos de carne de pollo ensartados en un pincho y asados a la parrilla. El miso es un ingrediente común en Japón; se vende en forma de pasta y se hace con soja fermentada y algún cereal.

80 ml (⅓ de taza) de mirin

70 g (¼ de taza) de pasta de miso rojo

2 cucharadas de azúcar

1 kg de muslos de pollo, sin hueso y sin piel y con poca grasa

12 cebolletas

PARA 4 PERSONAS

1 Deja en remojo 16 pinchos de madera durante 30 minutos, en agua fría, para que no se quemen durante la cocción.

2 Pon el mirin, el miso y el azúcar en un cazo pequeño a fuego medio, durante 2 minutos mientras remueves hasta que desaparezcan los grumos. Retira del fuego.

3 Corta el pollo en trozos de 2,5 cm. Corta la parte blanca de las cebolletas en trozos de 4 cm. Ensarta el pollo y la cebolleta alternativamente en el pincho.

4 Engrasa con aceite una plancha de cocina o de barbacoa, y calienta a fuego alto. Asa los pinchos, girándolos de vez en cuando, durante 8 minutos, o hasta que el pollo esté casi hecho. Embadúrnalos con salsa de miso y déjalos cocer 3 minutos más. Gira los pinchos, embadúrnalos con salsa de miso y deja 3 minutos más o hasta que el pollo esté hecho. Sirve con arroz al vapor y verduras asiáticas al vapor o salteadas en wok.

Polska

spaghetti bolognesa

ITALIA La salsa boloñesa es originaria de Bolonia, Italia, y tradicionalmente se sirve con tagliatelle. La salsa o «ragu» original se hacía principalmente de carne y verdura con un poco de tomate fresco para dar sabor, pero muchas versiones también utilizan tomates en conserva.

- 1 cucharada de aceite de oliva
- 1 cebolla, finamente picada
- 3 dientes de ajo, machacados
- 1 tallo de apio, cortado en daditos
- 1 zanahoria, cortada en dados
- 500 g de carne picada de ternera
- 500 ml (2 tazas) de caldo de carne
- 2 cucharadas de puré de tomate concentrado
- 800 g de tomates troceados en lata
- 1 cucharada de orégano seco
- 350 g de espaguetis
- queso parmesano rallado, para servir

PARA 4 PERSONAS

1 Calienta el aceite en una cacerola a fuego medio. Sofríe la cebolla durante 2-3 minutos, o hasta que esté blanda. Añade el ajo, el apio y la zanahoria y deja cocer 2-3 minutos, o hasta que se ablanden.

2 Añade la carne y cuece a fuego alto durante 5 minutos, o hasta que se dore, deshaciendo los trozos con una cuchara de madera. Añade el caldo, el puré de tomate, los tomates sin escurrir y el orégano y mezcla bien. Sazona con sal y pimienta negra.

3 Baja el fuego y deja cocer durante 1 hora, removiéndolo de vez en cuando para que no se peguc, o hasta que se reduzca a una buena consistencia de salsa.

4 Hierve los espaguetis en una olla con agua hirviendo, según las instrucciones del paquete, o hasta que estén *al dente*. Escúrrelos bien y devuélvelos a la olla. Añade la salsa boloñesa y mézclalo bien. Sirve con el parmesano espolvoreado por encima.

spanakópita (empanada de acelgas y queso)

GRECIA La receta tradicional se hace con pasta de hojaldre y espinacas, y en Grecia a menudo se toma como tentempié. Sin embargo, cortada en porciones más grandes también puede servir de comida principal o bien como una fantástica cena. Si lo encuentras, puedes utilizar el queso kefalotyri, la versión griega del queso parmesano.

1,5 kg de acelgas

3 cucharadas de aceite de oliva

1 cebolla blanca, finamente picada

10 cebolletas, picadas

1 ½ cucharaditas de eneldo, picado

200 g (1 ⅓ tazas) de queso feta, troceado

125 g (½ taza) de requesón

3 cucharadas de queso parmesano o kefalotyri rallado fino

¼ de cucharadita de nuez moscada molida

4 huevos, ligeramente batidos

10 láminas de masa de hojaldre

80 g de mantequilla, fundida, para untar

PARA 4-6 PERSONAS

1. Lava y escurre bien las acelgas. Recorta las venas centrales y los troncos, y al final corta las hojas. Calienta el aceite en una sartén grande a fuego medio. Sofríe la cebolla durante 5 minutos, o hasta que esté blanda. Añade la cebolleta y las acelgas, tapa y deja cocer durante 5 minutos. Añade el eneldo y cuece, sin tapar, durante 3-4 minutos, o hasta que se haya evaporado la mayor parte del líquido. Retira del fuego y deja enfriar a temperatura ambiente. Con las manos, exprime todo el exceso de líquido de la mezcla de acelgas. Reserva.
2. Precalienta el horno a 180 °C (gas 4). Engrasa una fuente refractaria cuadrada (20 cm). Pon el queso feta, el requesón y el kefalotyri en un cuenco grande y añade la mezcla de acelgas y la nuez moscada. Agrega el huevo lentamente y mezcla bien. Sazona al gusto.
3. Coge una lámina de masa de hojaldre y forra la base y los lados de la fuente cuadrada (mantén las otras cubiertas con un paño limpio y húmedo para que no se sequen). Embadurna con mantequilla fundida y cubre con otra hoja de hojaldre. Unta esta hoja con mantequilla y repite hasta utilizar 5 hojas de hojaldre. Reparte el relleno de acelga en la fuente y nivela la superficie. Dobla hacia arriba el hojaldre expuesto para cubrir la parte superior del relleno. Cubre con una lámina de hojaldre, úntala con mantequilla y sigue añadiendo capas de hojaldre hasta utilizarlas todas. Corta cualquier exceso de masa con las tijeras de cocina o dobla hacia el interior del recipiente.
4. Unta con mantequilla la parte superior. Marca unos cuadrados en la superficie con un cuchillo afilado. Rocía con unas gotas de agua fría (para que el hojaldre no se reseque ni ondule durante la cocción). Hornea durante 35-40 minutos. Deja a temperatura ambiente durante 10 minutos antes de cortar en cuadrados y servir.

pilaf de cordero

TURQUÍA En Oriente Medio, *pilaf* es el nombre con que se denominan los platos de arroz condimentados. Con berenjenas, albóndigas de cordero, tomates y pistachos es una comida excelente, que evoca los mejores sabores de la cocina turca.

100 ml de aceite de oliva

1 berenjena, cortada en dados de 1 cm

1 cebolla, finamente picada

1 cucharadita de canela molida

2 cucharadas de comino molido

1 cucharadita de cilantro molido

300 g (1 ½ tazas) de arroz basmati

500 ml (2 tazas) de caldo de verdura o de pollo

500 g de carne picada de cordero

½ cucharadita de pimienta de Jamaica

2 tomates maduros, sin semillas y cortados en dados pequeños

35 g (¼ de taza) de pistachos tostados y picados gruesos

2 cucharadas de pasas

2 cucharadas de hojas de cilantro picadas

PARA 4 PERSONAS

1 Calienta 2 cucharadas del aceite en una sartén grande y profunda, a fuego medio-alto. Fríe la berenjena durante 10 minutos, o hasta que se dore. Retira del fuego y escurre sobre papel de cocina.

2 Calienta 2 cucharadas del aceite en la misma sartén a fuego medio. Fríe la cebolla durante 8 minutos, o hasta que esté blanda. Mézclale la mitad de la canela, del comino y del cilantro molido, después añade el arroz y remueve para cubrirlo con las especias y el aceite. Añade el caldo y sazona con sal y pimienta negra y deja hervir. Baja el fuego, cubre y deja cocer a fuego lento durante 15 minutos, o hasta que el arroz esté cocido y aparezcan unas burbujas de vapor en su superficie. Retira del fuego y deja reposar 5 minutos antes de separar los granos con un tenedor. Transfiere a una fuente y mantén caliente.

3 Mientras tanto, pon la carne de cordero en un cuenco con la pimienta de Jamaica y el resto del comino, la canela y el cilantro molido. Sazona con sal y pimienta negra y mezcla bien. Con las manos, haz bolitas con esta masa.

4 Calienta el resto del aceite en la misma sartén a fuego medio, y fríe las albóndigas, en tandas, durante 10 minutos, girándolas para que se doren completamente. Escúrrelas sobre papel de cocina.

5 Añade el tomate a la misma sartén y sofríe durante 2 minutos, o hasta que esté blando. Agrega la berenjena, los pistachos, las pasas, las albóndigas y el arroz, y mezcla bien para que todo quede bien ligado y caliente. Espolvorea con las hojas de cilantro y sirve.

curry rojo tailandés de verduras

TAILANDIA Las tres pastas de curry más utilizadas en Tailandia son las de curry rojo, verde y amarillo. El curry rojo se hace con guindillas, que le dan su color así como su sabor picante inolvidable.

1 cucharada de aceite de cacahuete

250 g de flores de brócoli, cortadas en cuatro

250 g de flores de coliflor, cortadas en cuatro

500 g de moniatos, pelados y cortados en dados de 1 cm

2 cucharadas de pasta roja de curry de Tailandia

500 ml (2 tazas) de leche de coco

1 cucharada de zumo de lima recién exprimida, o al gusto

1 cucharada de salsa de pescado, o al gusto

3 cucharadas de hojas de cilantro picadas

PARA 4 PERSONAS

1. Calienta el aceite en un wok a fuego alto y hazlo girar para repartirlo por toda su superficie. Incorpora el brócoli, la coliflor y el moniato, en tandas, y fríelos durante 3 minutos, o hasta que se ablanden. Devuelve todo al wok, y añade 60 ml (¼ de taza) de agua. Baja el fuego, tapa y deja cocer a fuego lento 5 minutos, o hasta que estén blandos.
2. Añade la pasta de curry y fríe a fuego medio durante 1 minuto, o hasta que suelte el aroma. Añade la leche de coco, mezcla y deja cocer durante 5 minutos, o hasta que se reduzca y se ablande.
3. Añade el zumo de lima, la salsa de pescado y el cilantro y remueve. Sirve con arroz jazmín al vapor.

empanadas de ternera

AUSTRALIA Prácticamente cada país del mundo tiene su versión de empanada. En Australia, la más popular tiene un relleno de ternera, ¡y cada año se venden más de 500.000.000!

6 hojas de masa quebrada

1 yema de huevo batido con 2 cucharaditas de agua

relleno

1,5 kg de filete de ternera

2 cucharadas de aceite de oliva

1 cebolla, finamente picada

1 zanahoria grande, finamente picada

2 dientes de ajo, machacados

2 cucharadas de harina

500 ml (2 tazas) de caldo de carne

1 cucharada de salsa Worcester

2 cucharaditas de hojas de tomillo

PARA 6 PERSONAS

1 Para el relleno, quita la grasa del filete, y corta la carne en tiras de 1 cm. Calienta la mitad del aceite en una sartén a fuego alto. Fríe la ternera, en tandas, 4-5 minutos, o hasta que se dore. Sácala de la sartén y deja aparte. Añade el resto del aceite a la sartén y sofríe la cebolla y la zanahoria a fuego medio 8 minutos, o hasta que estén blandas. Añade el ajo y cuece 1 minuto.

2 Devuelve la carne a la sartén, añade la harina y remueve durante 1 minuto. Añade el caldo, 250 ml (1 taza) de agua, la salsa Worcester y el tomillo.

3 Baja el fuego, tapa y deja cocer a fuego muy lento removiendo a menudo, durante 1 ¼ horas o hasta que la carne esté tierna. Añade un poco más de agua si es necesario para que la carne quede cubierta de líquido. Quita la tapa y deja cocer hasta que se reduzca. Retira del fuego y deja enfriar totalmente. Sazona con sal y pimienta negra.

4 Precalienta el horno a 200 °C (gas 6). Engrasa ligeramente seis moldes redondos (9,5 cm). Coloca la masa sobre una tabla de cortar y, utilizando los moldes como patrón, recorta seis círculos lo suficientemente grandes para forrar los moldes, y otros seis círculos para las tapas de las empanadas. Forra los moldes y limpia cualquier exceso de masa. Aplica un poco de agua en los bordes de la masa. Reparte el relleno enfriado en los moldes. Coloca una tapa encima de cada empanada para cubrirla y aplasta el borde suavemente para sellarla. Marca una cruz en cada empanada para que pueda escapar el vapor, y coloca los moldes en la bandeja del horno.

5 Embadurna con la mezcla de yema y agua cada empanada. Hornea durante 40 minutos, o hasta que estén doradas. Deja enfriar antes de sacarlas de los moldes. Sirve con ensalada o verduras.

pinchos de gamba y chorizo a la plancha

ESPAÑA Estos pinchos combinan tres sabores típicos de la cocina española: el cerdo (chorizo), el marisco (gambas) y los pimientos (pimiento y pimentón). El característico sabor del chorizo proviene del pimentón (dulce, picante o ahumado).

- Aceite de oliva, para engrasar
- 2 chorizos
- 2 cucharadas de aceite de oliva
- 1 cucharadita de pimentón ahumado
- 12 gambas crudas, peladas y desvenadas pero con las colas
- 2 pimientos verdes sin semillas ni membranas y cortados en cuadros de 3 cm
- gajos de lima, para servir

PARA 4 PERSONAS

1. Deja en remojo 12 pinchos de madera durante 30 minutos, en agua fría, para que no se quemen durante la cocción.
2. Unta la plancha de cocina o de barbacoa con aceite. Corta cada chorizo en rodajas de 1 cm hasta tener unas 24 rodajas. Asa cada rodaja a fuego alto durante 1 minuto por cada lado. Una vez asadas, coloca en un plato.
3. En un cuenco pequeño, mezcla el aceite de oliva y el pimentón ahumado. Ensarta las rodajas de chorizo, las gambas y los cuadros de pimiento alternativamente en los pinchos. Sazona con sal y pimienta negra, embadúrnalo con el aceite aromatizado con pimentón ahumado.
4. Cuece los pinchos a fuego alto 3 minutos por cada lado, o hasta que las gambas estén de color rosa y cocidas. Sirve con gajos de lima, una ensalada verde y pan crujiente.

wiener schnitzel (escalopa al estilo vienés)

AUSTRIA Este es un plato tradicional de Austria, *wiener* significa «de Viena», su capital. Según la leyenda, este plato proviene del siglo IX, cuando Basilio I, emperador de Bizancio, comía la carne envuelta en polvo de oro. Como puedes imaginar, esto al final resultó demasiado caro y entonces empezaron a utilizar «oro amarillo», es decir, pan rallado.

125 g (1 ¼ tazas) de pan seco rallado
¼ de taza de perejil finamente picado
2 huevos
75 g (½ taza) de harina
4 escalopes de ternera lechal de 100 g
125 ml (½ taza) de aceite de oliva
gajos de limón, para decorar

ensalada de patata

600 g de patatas tempranas cortadas por la mitad
90 g (⅓ de taza) de nata
2 cucharadas de zumo de limón recién exprimido
¼ de taza de perejil, finamente picado
una pizca de azúcar

PARA 4 PERSONAS

1 Mezcla el pan rallado y el perejil en un cuenco. En otro cuenco echa los huevos y bátelos ligeramente. En un tercer cuenco, pon la harina y sazona con sal y pimienta.

2 Pon la carne sobre una tabla de cortar y, con un aplanador de carne o un rodillo, aplánala hasta que tenga unos 5 mm de grosor.

3 Enharina un escalope, y después pásalo por el huevo batido, dejando escurrir el exceso. Finalmente, lo pasas por el pan rallado, apretando ligeramente con los dedos para que se pegue uniformemente. Ponlo en un plato y reboza los escalopes. Deja en la nevera 15 minutos. Precalienta el horno a 150 °C (gas 2).

4 Mientras tanto, cuece las patatas en una cacerola con agua hirviendo, hasta que se ablanden. Escurre. Mezcla la nata, el zumo de limón, el perejil y el azúcar, y remueve hasta conseguir una crema homogénea. Sazona con sal y pimienta. Añade a las patatas y mezcla hasta que quede bien ligado. Déjalas a un lado y mantenlas calientes.

5 Calienta la mitad del aceite en una sartén antiadherente a fuego medio alto, y fríe dos de los escalopes, durante 1-2 minutos, por cada lado o hasta que se doren. Saca la carne y escurre sobre un plato con papel de cocina. Coloca el plato en el horno para que no se enfríe mientras fríes los demás escalopes con el resto del aceite.

6 Sirve los schnitzels con la ensalada tibia de patatas y unos gajos de limón. También los puedes acompañar con brócoli al vapor.

lasaña

ITALIA La lasaña es un plato que varía mucho según la zona. Esta receta se basa en la lasaña boloñesa, es decir de Bolonia, Italia. Tradicionalmente incluye salsa de bechamel, nuez moscada y parmesano, con carne picada de cerdo y de ternera.

375 g de láminas de lasaña frescas, o 200 g de láminas secas

100 g de queso parmesano rallado

salsa de carne

2 cucharadas de aceite de oliva

1 cebolla, finamente picada

100 g de tocino, finamente picado

1 zanahoria, finamente picada

1 tallo de apio, finamente picado

1 kg de carne picada de ternera y cerdo

3 dientes de ajo, finamente picados

¼ de cucharadita de nuez moscada molida

1 ramita de romero, con las hojas picadas

400 g (1 ⅔ tazas) de tomates troceados en lata

125 g (½ taza) de puré de tomate concentrado

1 litro (4 tazas) de caldo de pollo

salsa bechamel

1 litro (4 tazas) de leche

½ cebolla blanca, cortada por la mitad

¼ de cucharadita de nuez moscada

80 g de mantequilla

75 g (½ taza) de harina

PARA 8-10 PERSONAS

1 Para hacer la salsa de la carne, calienta el aceite en una cacerola grande a fuego medio. Sofríe la cebolla, el tocino, la zanahoria y el apio durante 10 minutos, o hasta que se ablanden. Sube el fuego, añade la carne picada y sofríe durante 5 minutos, deshaciendo los trozos con una cuchara de madera. Añade el ajo, la nuez moscada y el romero y fríe 5 minutos más. Incorpora los tomates, el puré de tomate, y el caldo. Lleva a ebullición. Baja el fuego y deja cocer a fuego medio, removiéndolo de vez en cuando, durante 1 hora, o hasta que se reduzca. Sazona al gusto con sal y pimienta.

2 Para la salsa bechamel, mezcla la leche, la cebolla y la nuez moscada en un cazo y lentamente lleva a ebullición. Retira del fuego y deja reposar 10 minutos para que penetren los sabores. Vierte en un cuenco refractario.

3 Funde la mantequilla en otra cacerola a fuego medio. Añade la harina y cuece durante 1 minuto, removiéndolo continuamente para obtener una pasta espesa. Retira del fuego y bate mientras añades leche caliente, hasta que quede bien ligado. Devuelve al fuego medio y remueve constantemente durante 2 minutos, o hasta que reduzca. Deja aparte.

4 Precalienta el horno a 200 °C (gas 6). Extiende una tercera parte de la salsa de carne sobre la base de una fuente (30 x 20 x 4 cm) para el horno. Cubre con una capa de hojas de lasaña, y extiende la mitad del resto de la salsa de carne sobre la pasta seguida por salsa bechamel. Espolvorea la mitad del parmesano. Sigue añadiendo capas, con el resto de la salsa de carne, las hojas de lasaña, la salsa bechamel y el parmesano.

5 Hornea durante 25 minutos o hasta que se dore la parte superior y la pasta esté tierna cuando insertas un pincho. Deja reposar unos 10 minutos antes de servir con una ensalada verde.

tajín de verduras y garbanzos

MARRUECOS El tajín *(tajine)* es un plato de la cocina magrebí que recibe su nombre del recipiente de barro con que se prepara este estofado. Normalmente contiene muchas especias, como la cúrcuma, la canela y el pimentón picante y otros ingredientes típicos de la zona como los moniatos y los garbanzos. Las pasas le dan un toque dulce.

2 cucharadas de aceite de oliva
2 cebollas, por la mitad y en rodajas
1 cucharadita de jengibre fresco rallado fino
2 tallos de apio, cortados en tiras
250 g de moniatos, pelados y cortados en dados de 2 cm
1 pimiento rojo, sin semillas ni membranas, cortado fino
2 cucharaditas de cilantro molido
1 cucharadita de cúrcuma molida
½ cucharadita de canela molida
¼ de cucharadita de pimentón picante
1 rama de canela
400 g (1 ⅔ tazas) de tomates troceados en lata
400 g de garbanzos en conserva, lavados y escurridos
60 g (½ taza) de pasas, cortadas
2 cucharadas de zumo de limón recién exprimido
60 ml (¼ de taza) de caldo de verdura
150 g de judías verdes
50 g (⅓ de taza) de piñones tostados
100 g (⅔ de taza) de queso feta en trozos
yogur griego, para acompañar

PARA 4 PERSONAS

1 Calienta el aceite en una sartén grande a fuego medio. Sofríe la cebolla durante 5 minutos, o hasta que se ablande. Añade el jengibre, el apio, los moniatos y el pimiento rojo y deja cocer durante 3 minutos, removiéndolo de vez en cuando.

2 Añade el cilantro, la cúrcuma, la canela molida, el pimentón picante, la rama de canela y una pizca de sal y deja cocer, removiéndolo, durante 1 minuto, o hasta que suelten sus aromas.

3 Agrega los tomates, los garbanzos, las pasas, el zumo de limón y el caldo, y remueve. Sube el fuego y lleva a ebullición. Después baja el fuego, tapa y deja cocer a fuego lento durante 30 minutos. Añade las judías y deja cocer, destapado, durante 5 minutos más, o hasta que las verduras estén tiernas.

4 Retira la rama de canela y sirve el tajín inmediatamente. Esparce por encima los piñones y el queso feta, y acompaña el plato con yogur y cuscús.

Nota: Si lo prefieres y las encuentras, en lugar de cilantro molido, cúrcuma, canela, pimentón picante y el palito de canela, puedes utilizar 3 cucharaditas de mezcla de especias marroquíes para tajín.

pizzas de verduras a la plancha

ITALIA La pizza moderna nació en Nápoles donde, en 1870, un pizzero inventó la pizza Margarita *(ver nota)* en honor a la reina de Italia. Esta pizza representa los colores de la bandera italiana: tomates (rojo), mozzarella (blanco) y hojas de albahaca (verde).

2 calabacines cortados en lonchas de 5 mm

2 berenjenas baby cortadas en lonchas de 5 mm

75 g (½ taza) de queso mozzarella rallado

40 g (½ taza) de queso feta en trozos

masa de pizza

250 g (1 ⅔ tazas) de harina

1 cucharadita de levadura seca

½ cucharadita de sal

185 ml (¾ de taza) de agua tibia

2 cucharadas de aceite de oliva

salsa de tomate

1 cucharada de aceite de oliva

1 cebolla, finamente picada

1 diente de ajo, machacado

400 g (1 ⅔ tazas) de tomates en lata, troceados

1 cucharada de puré de tomate concentrado

1 cucharadita de azúcar

PARA 4-6 PERSONAS

1 Para la masa, mezcla la harina, la levadura y la sal en un cuenco grande y haz un hoyo en el centro. Añade el agua y 1 cucharada del aceite y mezcla primero con una cuchara de madera, y después con las manos hasta que quede una masa blanda y ligeramente pegajosa. Coloca sobre una superficie espolvoreada con harina y amasa durante 10 minutos, o hasta que esté lisa y elástica al tacto. Ponla en un cuenco grande, cúbrela con papel film y deja en un lugar cálido y sin corrientes de aire durante 1 hora, o hasta que doble el tamaño.

2 Mientras tanto, para la salsa de tomate, calienta el aceite en una cacerola a fuego medio y sofríe la cebolla durante 10 minutos, o hasta que se ablande. Añade el ajo y sofríe durante 1 minuto. Añade los tomates, el puré de tomate y el azúcar, y mézclalo. Dejar cocer a fuego lento durante 30 minutos o hasta que se espese. Sazona al gusto con sal y pimienta y deja enfriar.

3 Asa en la plancha el calabacín y la berenjena, a temperatura alta, durante 2 minutos por cada lado.

4 Precalienta el horno a 230 °C (gas 8). Divide la masa en dos y con un rodillo espolvoreado con harina, extiende la masa para obtener dos círculos de 28 cm y de 2 mm de grosor. Coloca en una bandeja para pizzas.

5 Extiende 125 ml (½ taza) de salsa de tomate sobre cada base de pizza. Echa encima las verduras asadas, y después el queso, y rocía con el resto del aceite. Hornea durante 12-15 minutos, o hasta que las bases estén cocidas. Corta en porciones y sirve.

VARIACIÓN

Pizza Margarita: Extiende la salsa de tomate sobre la base y esparce 150 g (1 taza) de mozzarella rallada. Rocía con el resto del aceite y hornea. Para servir, esparce ¼ de taza de hojas de albahaca rotas por encima.

hamburguesa

ESTADOS UNIDOS El primer registro de una receta de hamburguesas se remonta a finales del siglo XIX: el artículo de un periódico de Boston decía «... carne de vacuno pasada dos veces por una picadora de carne, mezclada con cebolla y pimienta». En 1912, las hamburguesas se servían con pan, y se describían como un sándwich caliente con condimentos.

Aceite de oliva
100 g de queso cheddar rallado
4 panecillos de hamburguesa abiertos
mayonesa
4 hojas de lechuga iceberg
2 tomates maduros, cortados en rodajas
salsa de tomate (ketchup)
4 pepinillos (opcional)

hamburguesas

500 g de carne picada de ternera
1 cebolla, rallada gruesa
50 g (½ taza) de pan rallado
1 cucharada de leche
1 huevo, ligeramente batido
1 cucharada de salsa Worcester
2-3 gotas de salsa tabasco, o al gusto
¼ de cucharadita de nuez moscada molida
1 cucharadita de mostaza de Dijon

PARA 4 PERSONAS

1 Para las hamburguesas, coloca todos los ingredientes en un cuenco y mezcla bien con las manos. Divide en cuatro porciones y dales la forma de hamburguesa de 10 cm cada una.

2 Calienta un poco del aceite en la plancha de la cocina a fuego medio-alto. Pon las hamburguesas y cuece durante 4 minutos, gira y cuece durante 3 minutos más. Espolvorea con queso rallado y fríe durante 2 minutos más, o hasta que estén hechas y el queso se haya fundido.

3 Mientras tanto, precalienta la plancha a temperatura alta. Tuesta los panecillos con la superficie cortada hacia arriba, hasta que se doren. Coloca las bases en platos y úntalos con mayonesa. Encima coloca una hoja de lechuga, tomate y la hamburguesa, y después la salsa de tomate y la otra parte del pan. Finalmente clava un pepinillo encima con un palillo.

murgh makhani (pollo a la mantequilla)

INDIA La cocina india es famosa por su variedad de currys, y esta receta, originaria del Punjab, es una de las más populares. Si quieres, primero puedes dejar marinar el pollo en yogur con especias, o bien seguir la receta, si tienes prisa.

2 cucharadas de aceite de cacahuete

1 kg de muslos de pollo deshuesados sin piel, cortados en cuatro

60 g de mantequilla o ghee

2 cucharaditas de garam masala

2 cucharaditas de pimentón dulce

2 cucharaditas de cilantro molido

1 cucharada de jengibre fresco finamente picado

¼ de cucharadita de guindilla en polvo

1 rama de canela

6 vainas de cardamomo machacadas

350 ml de puré de tomate

1 cucharada de azúcar

60 g (¼ de taza) de yogur natural

125 ml (½ taza) de nata líquida

1 cucharada de zumo de limón recién exprimido

hojas de cilantro, para adornar

PAR 4-6 PERSONAS

1 Calienta 1 cucharada del aceite en un wok a fuego medio y haz girar el wok para untar los laterales. Añade la mitad del pollo y fríelo durante 4 minutos, o hasta que se dore. Retira y coloca en un plato. Repite con el resto del aceite y del pollo. Deja a un lado.

2 Calienta la mantequilla en el mismo wok a fuego lento. Una vez fundida la mantequilla, añade el garam masala, el pimentón, el cilantro molido, el jengibre, la guindilla, la rama de canela y las vainas de cardamomo, y deja cocer durante 1 minuto, o hasta que suelten sus aromas. Devuelve el pollo al wok y remueve bien para mezclarlo con las especias.

3 Añade el puré de tomate y el azúcar y lleva a ebullición. Deja cocer a fuego lento durante 15 minutos, o hasta que el pollo esté tierno y la salsa se espese.

4 Añade el yogur, la nata y el zumo de limón al wok y deja cocer durante 5 minutos, o hasta que espese. Sirve con hojas de cilantro por encima, y con arroz al vapor y papadams.

acompañamientos y ensaladas

pan de maíz

ESTADOS UNIDOS Los colonos europeos en EEUU probaron la harina de maíz de la mano de los americanos nativos, que llevaban años moliéndola para hacer panes y sopas. Los europeos desarrollaron esta receta como una manera de hacer pan sin trigo ni levadura. Se hizo muy popular porque era económico y podía almacenarse bien. La harina de maíz que se utiliza en esta receta es la polenta, fina y de color amarillo.

150 g (1 taza) de harina con levadura
150 g (1 taza) de polenta fina
1 cucharadita de sal
1 huevo
250 ml (1 taza) de suero de leche
60 ml (¼ de taza) de aceite vegetal
mantequilla, para acompañar, al gusto.

PARA 4 PANES

1 Precalienta el horno a 220 °C (gas 7). Engrasa generosamente cuatro moldes para muffins o magdalenas (185 ml ¾ de taza).

2 Tamiza la harina, añade la polenta y la sal y haz un hoyo en el centro. Bate el huevo, el suero de leche y el aceite en un cuenco aparte, y después añade a los ingredientes secos mezclándolo muy poco.

3 Vierte la masa líquida en los moldes y hornea durante 12-15 minutos, o hasta que se dore y al pincharlo con un palillo salga limpio. Sirve calientes o a temperatura ambiente, con mantequilla, si lo deseas.

Nota: Si lo prefieres, puedes hacer un pan de maíz entero en un molde redondo de 20 cm, engrasado y forrado, y horneado durante 25 minutos. Sirve cortado en porciones.

naan

INDIA Aunque la palabra *naan* procede del persa (Persia corresponde al actual Irán), normalmente la asociamos con la cocina india, y se refiere a un pan plano con levadura, que se cocina en el horno, y que puede ser aromatizado con ajo y otras especias, y se sirve con platos de curry. Lo puedes probar con el curry de pescado del sur de la India *(ver la página 96)* o con el pollo a la mantequilla *(ver página 124).*

600 g (4 tazas) de harina
1 cucharadita de levadura en polvo
½ cucharadita de bicarbonato de sodio
1 cucharadita de sal
250 ml (1 taza) de leche
125 g (½ taza) de yogur natural
1 huevo, batido
80 g de mantequilla, o ghee, fundida

PARA 8 PANES

1 Tamiza la harina, la levadura en polvo, el bicarbonato de sodio y la sal en un cuenco grande, y haz un hoyo en el centro. En otro cuenco mezcla la leche, el yogur, el huevo y 1 cucharada de mantequilla o ghee. Añade a los ingredientes secos y mezcla con una cuchara de madera, y después con las manos hasta hacer una masa suave.

2 Pon la masa sobre una superficie espolvoreada con harina y amasa hasta que sea suave y flexible. Coloca en un cuenco espolvoreado con harina, cubre con papel film o un paño húmedo, y deja en un lugar cálido, sin corrientes de aire, durante 2 horas.

3 Precalienta el horno a 200 °C (gas 6), y engrasa ligeramente dos bandejas.,

4 Vuelve a amasar la masa sobre una superficie espolvoreada durante 2-3 minutos, hasta que sea blanda y flexible. Divídela en ocho porciones iguales, y con cada una haz una bola. Aplánala dándole una forma ovalada (10 cm). Mójala un poco con agua en una cara y coloca en la bandeja con la cara mojada hacia abajo. Embadurna el naan con el resto de mantequilla o ghee.

5 Hornea 8-10 minutos, o hasta que se doren y estén cocidos. Sirve con un plato de curry.

VARIACIÓN

Para hacer un naan de ajo, machaca 6 dientes de ajo y espolvoréalos sobre la masa antes de hornearlos.

tabulé

LÍBANO La ensalada de trigo bulgur con perejil, menta, tomate y cebolletas, todo finamente picado, de origen libanés, tradicionalmente se servía en hojas de lechuga o para acompañar platos de carne. Hoy en día es un plato popular en todo el mundo y se asocia principalmente con la cocina de Oriente Medio y el Magreb.

130 g (¾ de taza) de trigo bulgur
3 tomates maduros
1 pepino grande
4 cebolletas, cortadas en tiras
4 tazas de perejil picado
½ taza de hojas de menta picada

aderezo

80 ml (⅓ de taza) de aceite de oliva
80 ml (⅓ de taza) de zumo de limón recién exprimido
1 cucharadita de sal

PARA 6 PERSONAS

1 Pon el trigo bulgur en un cuenco, cubre con 500 ml (2 tazas) de agua, y deja en remojo durante 1½ horas.

2 Escurre el bulgur y exprime cualquier exceso de agua con las manos. Extiende sobre un paño limpio, o papel de cocina, y deja secar durante 30 minutos.

3 Mientras tanto, corta los tomates por la mitad, exprímelos ligeramente para sacar el exceso de semillas y córtalos en cuadritos de 1 cm. Corta el pepino por la mitad a lo largo, quita las semillas con una cuchara, y corta el resto en daditos de 1 cm. Pon el tomate y el pepino en un cuenco.

4 Para el aderezo, pon el aceite, el zumo de limón y la sal en un tarro con tapón de rosca, y agítalo bien para ligarlo.

5 Añade el bulgur, la cebolleta, el perejil y la menta al tomate y el pepino, y mézclalo bien. Vierte encima el aderezo y mezcla de nuevo.

insalata caprese (ensalada de tomate y bocconcini)

ITALIA Literalmente, el nombre de este plato significa «ensalada al estilo de Capri», en la región de Campania, en Italia. Siempre se prepara con queso mozzarella (o en este caso bocconcini, una especie de mozzarella pero de un tamaño inferior), albahaca y tomate, y se sazona con aceite de oliva, sal y pimienta.

400 g de tomates cherry, cortados en cuatro

250 g de bocconcini, cortado en dados

¼ de taza de hojas de albahaca

2 cucharadas de aceite de oliva

PARA 4 PERSONAS

1. Mezcla el tomate, los bocconcini y la albahaca en los platos, o en un cuenco.
2. Rocía con el aceite y sazona al gusto con la sal y la pimienta.

Nota: Si lo prefieres, puedes utilizar tomates cherry enteros, y cortar los bocconcini en lonchas finas.

ensalada griega

GRECIA Esta popular ensalada es un plato ideal para acompañar cualquier comida y, aunque los ingredientes pueden variar ligeramente, la receta casi siempre incluye los elementos favoritos de la cocina griega: olivas, queso feta, tomate, pepino, zumo de limón y aceite de oliva.

1 pimiento verde

150 de queso feta

2 tomates grandes, cortados en gajos

1 pepino pequeño, cortado en rodajas

1 cebolla roja pequeña cortada en aros (opcional)

60 g (⅓ de taza) de olivas kalamata

2 cucharadas de zumo de limón recién exprimido

60 ml (¼ de taza) de aceite de oliva

PARA 4 PERSONAS

1. Corta el pimiento en dos longitudinalmente y quita las semillas y las membranas. Corta el pimiento en cuadrados.
2. Corta el queso feta en dados.
3. Mezcla el pimiento, el queso, el tomate, el pepino, la cebolla y las olivas en un cuenco grande. Rocía con el zumo de limón y el aceite, sazona al gusto con sal y pimienta. Revuelve suavemente para mezclarlo.

pilaf

ORIENTE MEDIO El pilaf, o pulao, es un plato de arroz común en todas las mesas de Oriente Medio, Próximo Oriente y la India. Existen cientos de variedades, según la cultura del país, los ingredientes disponibles y los platos de carne que acompañan.

300 g (1 ½ taza) de arroz basmati lavado
2 cucharadas de aceite de oliva
2 cucharadas de mantequilla
1 cebolla, cortada en daditos
1 cucharada de comino molido
2 cucharaditas de jengibre molido
1 cucharadita de cúrcuma molida
100 g de fideos cabello de ángel
625 ml (2 ½ tazas) de caldo de pollo
¼ de taza de perejil picado
90 g (1 taza) de almendras laminadas, tostadas.

PARA 6 PERSONAS

1. Lava el arroz en agua fría hasta que el agua salga limpia.
2. Calienta 1 cucharada de aceite y 1 cucharada de mantequilla en una cacerola a fuego medio. Cuando la mantequilla empiece a formar una espuma, echa la cebolla y deja rehogar durante 5 minutos, o hasta que se ablande. Añade el comino, el jengibre y la cúrcuma y deja cocer durante 1 minuto, o hasta que suelten sus aromas.
3. Mientras tanto, calienta el resto del aceite y la mantequilla en una sartén a fuego medio-alto. Echa los fideos y remueve durante 5 minutos, o hasta que estén dorados.
4. Anade el arroz y los fideos dorados a la cacerola de la cebolla y remueve para mezclar con las especias. Añade el caldo y 60 ml (¼ de taza) de agua y deja hervir a fuego alto. Baja el fuego, tapa y deja cocer a fuego lento durante 12 minutos, o hasta que el arroz y los fideos estén cocidos (aparecen burbujas de vapor en la superficie del arroz y ha absorbido toda el agua). Retira del fuego y deja aparte, tapado, durante 5 minutos.
5. Echa el perejil y las almendras sobre la mezcla de arroz, y con un tenedor mézclalos suavemente. Sirve caliente.

Taf. 39

dhal

INDIA Las lentejas llegaron a la India en el siglo I y hace cientos de años que se utilizan para preparar este plato tradicional. Se sirven con curry y naan *(ver página 131)*.

200 g de lentejas rojas
5 cm de jengibre fresco, cortado en 3 trozos
½ cucharadita de cúrcuma molida
½ cucharadita de sal
1 cucharada de ghee o aceite
1 cebolla, finamente picada
½ cucharadita de semillas de mostaza
2 dientes de ajo, machacados
1 cucharadita de semillas de comino
1 cucharadita de cilantro molido
2 guindillas verdes frescas, cortadas en dos a lo largo
2 cucharadas de zumo de limón recién exprimido
1 cucharada de hojas de cilantro picadas

PARA 4-6 PERSONAS

1 Pon las lentejas y 750 ml (3 tazas) de agua en una cacerola y lleva a ebullición. Baja el fuego, añade el jengibre y la cúrcuma, tapa y deja cocer durante 20 minutos a fuego lento, removiéndolo de vez en cuando para que no se pegue, hasta que las lentejas estén cocidas. Retira del fuego, saca el jengibre y echa la sal a las lentejas.

2 Mientras tanto, calienta el ghee o el aceite en una sartén a fuego medio-alto. Sofríe la cebolla y las semillas de mostaza durante 5 minutos, o hasta que la cebolla esté dorada. Reduce el fuego, añade el ajo, el comino, el cilantro molido y la guindilla y deja cocer a fuego medio durante 2 minutos, o hasta que suelten sus aromas.

3 Añade la mezcla de cebolla a las lentejas y remueve suavemente. Añade 125 ml (½ taza) de agua, y deja cocer a fuego lento durante 5 minutos. Incorpora el zumo de limón y sirve con el cilantro espolvoreado encima.

verduras asadas

INGLATERRA Hay una larga tradición de añadir verduras a la fuente de hornear la carne. Se pueden condimentar con diversas hierbas; en esta receta hemos utilizado romero.

6 patatas, peladas y cortadas en dos
400 g de calabaza, sin pelar, cortada en cuñas
4 chirivías pequeñas, peladas, cortadas en los extremos y después en dos a lo largo
2 cebollas rojas grandes, cortadas a cuartos
80 ml (⅓ de taza) de aceite de oliva
2 cucharadas de hojas de romero picadas

PARA 4 PERSONAS

1 Precalienta el horno a 200 °C (gas 6). Pon todas las verduras, con el aceite y el romero, en un cuenco grande. Sazona bien con sal y pimienta, y remuévelo bien para que se mezcle.

2 Coloca las verduras en una fuente para hornear, en una capa. Deja asar, girándolas una vez, durante 45 minutos, o hasta que estén cocidas y doradas. Sirve caliente.

ratatouille (guiso de hortalizas)

FRANCIA *Ratatouille* viene del término francés *touiller* que significa «mezclar». Empezó como un plato campesino en la región de Niza, para consumir el excedente de hortalizas que se producía durante el verano.

100 ml de aceite de oliva

500 g de berenjena, cortada en dados de 2 cm

375 g de calabacines, cortados en rodajas gruesas

1 pimiento verde, sin semillas ni membrana, cortado en cuadrados de 2 cm

1 cebolla roja, cortada en gajos

3 dientes de ajo, picados

2 cucharaditas de tomillo

2 hojas de laurel

6 tomates maduros, pelados y picados

1 cucharada de vinagre de vino tinto

1 cucharadita de azúcar superfino

¼ de taza de albahaca, desmenuzada

PARA 4-6 PERSONAS

1 Calienta 2 cucharadas del aceite en una cacerola a fuego medio. Sofríe la berenjena, en tandas, durante 5 minutos. Resérvalas. Calienta otras 2 cucharadas de aceite en la cacerola, añade el calabacín y sofríe durante 4 minutos. Retira y deja aparte. Echa el pimiento y fríe durante 2 minutos, o hasta que se empiece a ablandar. Resérvalo también.

2 Calienta el resto del aceite en la cacerola y sofríe la cebolla durante 5 minutos. Añade el ajo, el tomillo y el laurel, removiéndolo, y cuece durante 1 minuto o hasta que suelten sus aromas. Devuelve la berenjena, el calabacín y el pimiento a la cacerola y añade el tomate, el vinagre y el azúcar. Deja cocer durante 20 minutos, o hasta que las hortalizas estén tiernas. Incorpora la albahaca y sazona con sal y pimienta. Sirve caliente.

tortitas de calabacín y haloumi

GRECIA Estas tortitas se preparan con el queso tradicional de Chipre denominado haloumi. Se sirven con carne asada, y constituyen una comida ligera o un buen tentempié.

300 g de calabacín

4 cebolletas, cortadas en rodajas finas

200 g de queso haloumi, rallado grueso *(ver nota)*

40 g (¼ de taza) de harina

2 huevos

1 cucharada de eneldo picado

60 ml (¼ de taza) de aceite de oliva

yogur griego y gajos de limón, como guarnición

PARA 16 TORTITAS

1. Precalienta el horno a 120 °C (gas ½).
2. Ralla grueso el calabacín y, con las manos, exprime todo el líquido posible. Después pon el calabacín en un cuenco grande con la cebolleta, el haloumi, la harina, los huevos y el eneldo. Sazona bien con sal y pimienta, y mezcla bien.
3. Calienta el aceite en una sartén grande de fondo grueso, a fuego medio alto. Deja caer cucharadas de la mezcla y fríelas en el aceite, por tandas, durante 2 minutos por cada lado, o hasta que se doren. Escurre sobre papel de cocina, y transfiere a una bandeja de horno. Mantenlas calientes mientras haces el resto de tortitas.
4. Sirve inmediatamente con el yogur y los gajos de limón.

Nota: Es mejor freír las tortitas en el último momento antes de servir la comida, si no, el haloumi se volverá duro al enfriarse.

algo dulce para acabar

pavlova

AUSTRALIA El verdadero origen de este postre es objeto de acalorados debates entre Australia y Nueva Zelanda; ambos países lo reivindican como suyo. Recibe su nombre de la famosa bailarina rusa Anna Pavlova, que visitó los dos países en 1929, y en honor a su ligero y etéreo estilo de baile.

4 claras de huevo

220 g (1 taza) de azúcar superfino

1 cucharada de maicena tamizada

375 ml (1 ½ tazas) de nata para montar

2 cucharadas de azúcar glas

2 plátanos pequeños, cortados en rodajas

250 g (1 ⅔ tazas) de fresas, sin hojas ni tallos, y cortadas por la mitad

2 maracuyás cortados por la mitad

PARA 6-8 PERSONAS

1. Precalienta el horno a 130 °C (gas 1). Forra una bandeja de horno con papel vegetal. Traza un círculo de 20 cm en el papel y dale la vuelta.
2. Con la batidora eléctrica, monta las claras en un cuenco grande a punto de nieve. Incorpora progresivamente el azúcar y bate bien la mezcla después de cada adición. Sigue batiendo hasta que la mezcla esté espesa y brillante y se haya disuelto completamente el azúcar. Haz una prueba tomando una pequeña cantidad entre el pulgar y el índice: debería ser homogéneo, sin grumos. Si los hay, sigue batiendo unos minutos. Con una cuchara metálica grande, añade la maicena.
3. Con la parte posterior de la cuchara extiende la mezcla de merengue sobre la bandeja, siguiendo el círculo marcado. Haz un hoyo en el centro, y hornea durante 1 ½ horas. Deja enfriar en el horno con la puerta entreabierta.
4. Con la batidora eléctrica, monta la nata y el azúcar glas a punto de nieve.
5. Extiende la nata sobre la pavlova, y coloca encima el plátano, las fresas y la pulpa de los maracuyás.

crème caramel

FRANCIA Este flan francés está cubierto con una deliciosa capa de caramelo. El flan francés, como el español, tiene su origen en la Antigua Roma.

Mantequilla fundida, para engrasar
165 g (¾ de taza) de azúcar

flan

750 ml (3 tazas) de leche
75 g (⅓ de taza) de azúcar superfino
4 huevos
1 cucharadita de extracto natural de vainilla

PARA 8 PERSONAS

1 Precalienta el horno a 160 °C (gas 2-3). Engrasa con mantequilla ocho flaneras.

2 Pon el azúcar y 60 ml (¼ de taza) de agua en un cazo pequeño. Remueve a fuego lento hasta que se disuelva el azúcar. Lleva a ebullición, baja el fuego y deja cocer a fuego lento, sin remover, hasta que tome un color dorado. De vez en cuando, con un pincel de repostería mojado en agua, moja las paredes del cazo. Retira del fuego y con cuidado vierte el caramelo caliente en los moldes y cubre las bases. Coloca las flaneras en una fuente de hornear.

3 Para hacer el flan, pon la leche en una cacerola y lleva casi a ebullición con fuego medio y después retíralo. Con la batidora de mano, bate el azúcar superfino, los huevos y la vainilla hasta que se espesen. Añade la leche caliente sin dejar de remover. Tamiza la mezcla y vierte en los moldes.

4 Echa agua hirviendo a la fuente de hornear, más o menos hasta la mitad de las flaneras. Hornea al baño María durante 30 minutos, o hasta que el flan empiece a cuajar. No debe ser líquido, sino algo firme. Retira del agua y deja enfriar. Después, deja en la nevera al menos 2 horas, o hasta que se cuajen de todo.

5 Para sacarlos de los moldes, pon con mucho cuidado un cuchillo entre el flan y el molde y vuélcalo suavemente sobre los platos. Si es necesario, para ayudar a sacarlos, agítalos suavemente. Sírvelos acompañados de frutas del bosque.

pudines de verano individuales

INGLATERRA Los ingleses reivindican este postre como suyo. Recibe este nombre porque utiliza frutos rojos de verano, generalmente moras, grosellas negras y rojas y frambuesas, aunque puedes utilizar cualquier otra combinación que te guste.

1 kg de frutas del bosque congeladas o frescas

75 g (1/3 de taza) de azúcar superfino, o al gusto

18 rebanadas de pan blanco sin corteza

nata líquida, como guarnición (opcional)

PARA 6 PERSONAS

1 Pon las frutas del bosque en una cacerola con 125 ml (½ taza) de agua, y calienta lentamente hasta que las frutas empiecen a deshacerse. Apaga el fuego y mézclale el azúcar. Deja aparte para enfriar. Pasa las frutas por un colador y guarda su jugo.

2 Con un cortador circular corta seis círculos de las rebanadas de pan para forrar la base de 6 moldes de flan. Corta el resto del pan en tiras para cubrir la pared de los moldes.

3 Aprieta el pan suavemente para que no queden huecos. Rocía 1 cucharada del jugo de frutas sobre el pan en cada molde. Después añade las frutas y dos cucharadas más del jugo a cada molde. Con el cortador corta 6 círculos más de pan para las tapas. Guarda el resto de las frutas y del jugo.

4 Cubre los pudines con papel film y pon un platillo encima de cada uno, como peso. Deja en la nevera durante la noche.

5 Vuelca los pudines con cuidado, y sirve con nata, si quieres, y el resto de las frutas del bosque y su jugo.

crepes con limón y azúcar

FRANCIA Los crepes están considerados como uno de los platos nacionales de Francia, y son originarios de Bretaña, en el noreste del país. La palabra viene del latín *crisques,* «crespo, rizado», refiriéndose a la manera en que se rizan los bordes cuando están cocidos.

150 g (1 taza) de harina
4 huevos
500 m (2 tazas) de leche
mantequilla fundida, para engrasar
azúcar, para espolvorear
zumo de limón, para rociar
rodajas de limón, como guarnición

PARA 12 CREPES

1 Pon la harina en un cuenco. En otro cuenco, bate los huevos y la leche. Poco a poco añade esta mezcla a la harina, batiéndolo constantemente hasta que desaparezcan los grumos. Transfiere a una jarra, cubre con plástico y deja reposar 30 minutos.

2 Mientras tanto, precalienta el horno a 120 °C (gas ½).

3 Engrasa ligeramente una sartén antiadherente, (o una crepera). Vierte 60 ml (¼ de taza) de masa líquida en la sartén cada vez, y haz girar la sartén para cubrir la base. Cuece durante 1 minuto, gira y cuece el otro lado unos 30 segundos. Coloca en un plato, cubre con papel de aluminio, y mantén caliente en el horno. Repite el proceso con el resto de la masa líquida.

4 Espolvorea cada crep con azúcar y rocía con un poco de zumo de limón antes dc doblar en forma triangular. Sirve con gajos de limón, por si se quiere rociar más.

arroz con leche y cardamomo

INDIA También se le conoce en la India como *kheer* (derivado de la palabra en sánscrito que significa «leche»), y es uno de los platos más populares del país. Consiste en un plato de arroz con leche y sabor a cardamomo, almendras laminadas y pasas sultanas. ¡Qué bueno!

- 6 vainas de cardamomo
- 150 g (¾ de taza) arroz basmati
- 110 g (½ taza) de azúcar
- 1 litro (4 tazas) de leche
- 30 g (⅓ de taza) de almendras laminadas tostadas
- 30 g (¼ de taza) de pasas sultanas

PARA 8 PERSONAS

1. Con un rodillo o un mortero, aplasta suavemente las vainas de cardamomo. Ponlas en una cacerola de tamaño medio.
2. Añade el arroz, el azúcar y la leche a la cacerola y llévalo a ebullición a fuego medio-alto. Baja el fuego y deja cocer suavemente a fuego lento durante 35 minutos, o hasta que el arroz esté cocido y la mezcla muy cremosa. Remueve de vez en cuando con una cuchara para que no se pegue.
3. Guarda algunas de las almendras y las pasas para decorar, después añade el resto a la mezcla de arroz y remuévelo bien. Reparte entre los cuencos y sirve caliente con las almendras y las pasas sultanas que habías reservado.

tiramisú

ITALIA Este postre tradicional se prepara con bizcochos de soletilla o *savoiardi* mojados en café caliente (aquí utilizamos chocolate), y se monta en capas con una mezcla de yemas y queso mascarpone y un poco de cacao. El nombre significa «levántame»... ¿al cielo quizás? ¡Debe de estar en algún lugar cercano!

5 huevos, claras y yemas separadas

165 g (¾ de taza) de azúcar superfino

300 g (1 ⅓ tazas) de queso mascarpone

40 g (⅓ de taza) de cacao en polvo

500 ml (2 tazas) de agua hirviendo

44 bizcochos de soletilla

90 g (¾ de taza) de chocolate negro, rallado

PARA 6 PERSONAS

1 Con la batidora eléctrica, bate las yemas con el azúcar en un cuenco hasta obtener una crema homogénea y de color más pálido. También debería dejar un pequeño rastro cuando se levantan las varillas. Añade el mascarpone y remueve suavemente hasta que no haya grumos (no lo mezcles demasiado porque se separa la mezcla).

2 Con las varillas limpias y secas, bate la clara a punto de nieve, después añádelas a la mezcla de mascarpone.

3 Mezcla el cacao en polvo y 80 ml (⅓ de taza) del agua hirviendo hasta obtener una pasta uniforme. Poco a poco añade el resto del agua hirviendo mientras vas removiendo. Transfiere a una fuente poco profunda y deja enfriar un poco. Moja la mitad de los bizcochos en la mezcla de chocolate 2-3 segundos; los bizcochos deben estar bien empapados, pero sin que lleguen a romperse. Coloca los bizcochos bien juntos en la base de un molde (20 cm) ya forrado.

4 Extiende la mitad de la mezcla de mascarpone sobre los bizcochos, nivelando la superficie. Moja el resto de los bizcochos en la mezcla de chocolate, y coloca uniformemente sobre la capa de mascarpone. Después añade el resto de la mezcla de mascarpone, nivelando la superficie. Cubre con plástico y deja reposar en la nevera durante 3 horas, o toda la noche. Espolvorea con el chocolate rallado, y después corta en porciones, o sirve en los cuencos con una cuchara.

soufflés calientes de chocolate

FRANCIA Existen muchos tipos diferentes de soufflés, tanto salados como dulces. El nombre de este postre viene del verbo francés, *souffler,* que significa «hinchar» y nos da una buena descripción de la manera en que mágicamente se infla la mezcla durante la cocción, gracias a las claras batidas.

Mantequilla fundida, para engrasar

145 g (2/3 de taza) de azúcar superfino

30 g de mantequilla sin sal, en cubos

2 cucharadas de harina

500 ml (2 tazas) de leche

2 huevos a temperatura ambiente, yemas y claras separadas

150 g (1 taza) de chocolate negro cortado en trozos pequeños

nata espesa, como guarnición

PARA 6 PERSONAS

1 Forra una bandeja de horno con papel vegetal. Engrasa seis moldes de soufflé de 185 ml (¾ de taza) con mantequilla fundida. Utiliza 1 ½ cucharaditas del azúcar superfino para rebozar los lados de los moldes. Coloca en la bandeja preparada.

2 Derrite la mantequilla en un cazo pequeño a fuego medio. Agrega la harina mientras remueves y cuece durante 1 minuto, o hasta que se forme una espuma. Con una batidora manual ve removiendo mientras añades la leche poco a poco hasta que la mezcla sea homogénea. Cuece a fuego medio, removiéndolo constantemente, hasta que se espese y hierva. Entonces baja el fuego y deja cocer 1 minuto a fuego lento.

3 Transfiere la mezcla a un cuenco grande a prueba de calor, y añade mientras remueves el resto del azúcar superfino, con las yemas y el chocolate, hasta que se funda el chocolate y quede una mezcla homogénea. Cubre con plástico y deja reposar en la nevera durante 30 minutos, removiéndolo de vez en cuando, hasta alcanzar la temperatura ambiente.

4 Precalienta el horno a 190 °C (gas 5). Utiliza la batidora eléctrica con varillas para batir las claras a punto de nieve. Mezcla gradualmente el resto de azúcar. Con una cuchara metálica grande, o una espátula, añade la mitad de las claras a la mezcla de chocolate. Después, añade el resto de las claras y revuelve suavemente hasta que quede mezclado.

5 Reparte uniformemente la mezcla entre los moldes, y con cuidado nivela con la parte posterior de una cuchara. Hornea durante 35 minutos, o hasta que haya subido bien. Sirve inmediatamente acompañado de la nata.

tartas de fresa

ESTADOS UNIDOS La tarta de fresa es un clásico plato estadounidense. Normalmente se hace una tarta redonda, se corta por la mitad y se rellena o recubre con fresas naturales. En esta receta utilizamos deliciosas galletas de mantequilla.

galletas

150 g (1 taza) de harina

2 cucharadas de maicena

125 g de mantequilla, a temperatura ambiente.

55 g (¼ de taza) de azúcar

relleno

300 ml de nata espesa

1 cucharada de azúcar glas, para espolvorear

250 g (1 ⅔ tazas) de fresas, sin hojas ni tallos, y cortadas a cuartos

PARA 4 PERSONAS

1 Tamiza la harina y la maicena en un cuenco. Con la batidora eléctrica bate la mantequilla y el azúcar en un cuenco aparte. Añade la harina y amasa, primero con una cuchara de madera y después con las manos, hasta formar una masa blanda. Ponla en una superficie espolvoreada con harina, y dale forma de disco. Envuelve en plástico y deja reposar en la nevera durante 30 minutos.

2 Precalienta el horno a 160 °C (gas 2-3). Forra dos bandejas de horno con papel de hornear.

3 Con un rodillo espolvoreado ligeramente, extiende la masa hasta unos 8 cm de grosor. Con un cortador en forma de corazón recorta cuatro galletas. Coloca en las bandejas del horno. Repite con el resto de la masa. Deja reposar en la nevera otros 20 minutos.

4 Hornea durante 20 minutos, o hasta que estén doradas y hechas. Retira del horno y deja enfriar en las bandejas.

5 Para servir, bate la nata con el azúcar glas a punto de nieve. Coloca cada mitad de los corazones en los platos de servir y echa encima la nata y las fresas. Tapa con la otra mitad y espolvorea con el resto del azúcar glas.

pudin de sagú

MALASIA **El sagú es una fécula que se extrae de unas palmeras del sudeste asiático y se procesa para formar una bolitas conocidas como perlas de sagú. Se utiliza a menudo como espesante en postres a base de leche. En esta receta malaya, también llamada *gula melaka,* el sagú le da una textura verdaderamente única.**

195 g (1 taza) de perlas de sagú

230 g (1 ¼ tazas) de azúcar moreno blando

250 ml (1 taza) de crema de coco, muy fría

PARA 6 PERSONAS

1 Deja el sagú en remojo en 750 ml (3 tazas) de agua, durante 1 hora.

2 Pon el sagú y el agua en una sartén y añade mientras remueves 2 cucharadas del azúcar moreno. Lleva a ebullición a fuego lento, sin dejar de remover.

3 Baja el fuego y deja cocer 10 minutos más, removiendo de vez en cuando. Tapa y deja cocer a fuego lento, removiendo de vez en cuando, durante 2-3 minutos, o hasta que se espese y las perlas sean translúcidas.

4 Reparte el sagú en seis moldes de 125 ml (½ taza), enjuagados y todavía húmedos. Cúbrelos y déjalos en la nevera durante 2 horas, o hasta que cuajen.

5 Mezcla el resto del azúcar moreno con 60 ml (¼ de taza) de agua en un cazo pequeño, y remueve a fuego lento hasta que se disuelva el azúcar. Lleva a ebullición y cuece a fuego lento unos 5 minutos, o hasta que el almíbar espese ligeramente. Vierte en una jarra y deja enfriar.

6 Desmolda los pudines en unos cuencos. Sirve con un poco de crema de coco y almíbar por encima.

granita de fresa

ITALIA Este sorbete es originario de la isla de Sicilia, Italia. A diferencia del helado, que se hace con leche, el sorbete se hace con agua. Una vez se han formado los cristales de hielo, se rompen, raspándolos con un tenedor. Tradicionalmente se hace con café o limón, pero esta versión con fresas es deliciosa.

125 g de azúcar

500 g (3 1/3 tazas) de fresas limpias, troceadas

2 cucharadas de zumo de limón recién exprimido

nata espesa (opcional)

PARA 4 PERSONAS

1 Pon el azúcar y 125 ml (½ taza) de agua en una cacerola y remueve a fuego lento hasta que se disuelva. Lleva a ebullición y después deja cocer a fuego lento durante 5 minutos. Deja enfriar.

2 Licúa las fresas y el zumo de limón en un robot o licuadora hasta obtener una mezcla homogénea. Añade el almíbar enfriado y mezcla todo en el robot. Después pasa por el colador.

3 Vierte en un recipiente metálico poco profundo, cubre y congela 2 horas, o hasta que se congele en los bordes de la bandeja. Remueve con un tenedor para romper los cristales de hielo. Devuélvelo al congelador 1 hora y remueve de nuevo. Repite hasta que tenga una consistencia homogénea, y transfiere a un recipiente hermético. Congela 3-4 horas, o hasta que cuaje.

4 Para servir, deja que se ablande en la nevera 15-20 minutos. Rasca con un tenedor para romper los cristales de hielo, y con una cuchara sirve en los cuencos. Si lo deseas, sirve con una cucharada de nata por encima.

Nota: Si lleva muchos días en el congelador, puede que tengas que romperla de nuevo con un tenedor y volver a congelarla para conseguir la textura adecuada.

petits pots au chocolat

FRANCIA Estos vasitos de chocolate son un típico postre francés, tipo flan, hecho con leche, nata y chocolate, y cocido al baño María para conseguir una suave textura de pudin irresistible. *Bon appetit!*

150 g (1 taza) de chocolate negro de buena calidad, en trozos

170 g (¾ de taza) de nata espesa

80 ml (⅓ de taza) de leche

2 yemas de huevo

55 g (¼ de taza) de azúcar superfino

1 cucharadita de extracto natural de vainilla

PARA 8 PERSONAS

1 Engrasa ligeramente con mantequilla derretida ocho recipientes para el horno, y colócalos en una fuente profunda para hornear. Precalienta el horno a 140 °C (gas 1).

2 Mezcla el chocolate, la nata y la leche en un cazo pequeño. Remueve constantemente a fuego lento hasta que el chocolate se empiece a fundir.

3 Pon las yemas en un cuenco pequeño y con el batidor mezcla el azúcar poco a poco. Sigue removiendo hasta que el azúcar se haya disuelto y la mezcla sea cremosa y clara. Añade la mezcla de chocolate fundido y vainilla y mezcla bien con el batidor. Reparte en los moldes. Llena la fuente para hornear con agua hirviendo hasta alcanzar media altura de los moldes. Hornea al baño María 45 minutos, o hasta que se cuaje.

4 Con cuidado retira la fuente del horno y deja enfriar los recipientes sin sacarlos del agua. Una vez enfriados, retíralos, cubre con plástico y refrigera durante 6 horas.

5 Para servir, echa encima una cucharada de nata y espolvorea con cacao en polvo.

linzertorte

AUSTRIA Sin duda es la tarta más antigua del mundo. Viene de la ciudad de Linz, en Austria; de ahí su nombre. La masa siempre incluye almendras molidas y se decora en forma de celosía en la parte superior. Está rellena de mermelada, tradicionalmente de grosella roja.

315 g (1 taza) de mermelada de frambuesa

1 yema de huevo

80 g (¼ de taza) de mermelada de albaricoque

masa

225 g (1 ½ tazas) de harina

½ cucharadita de canela molida

90 g de mantequilla sin sal, bien fría y en cubos

55 g (¼ de taza) de azúcar superfino

100 g (1 taza) de almendras molidas

1 yema de huevo, ligeramente batida

2 cucharadas de zumo de limón recién exprimido o agua

PARA 8 PERSONAS

1 Para la masa, pon la harina y la canela en un cuenco y mezcla con la mantequilla, deshaciéndola con los dedos, hasta reducir a migas. Añade el azúcar y la almendra. Haz un hoyo en el centro y añade la yema y el zumo de limón. Mezcla con una espátula hasta que quede homogéneo, añadiendo más limón si hace falta. Coloca encima de una superficie espolvoreada con harina y amasa hasta conseguir una masa suave. Forma un disco, envuelve en plástico y deja enfriar y reposar 20 minutos en la nevera.

2 Pon dos terceras partes de la masa entre dos hojas de papel de hornear, y extiéndela con un rodillo hasta obtener un círculo (20 cm) de 3 mm de grosor. Con la masa forra un molde de borde ondulado y base extraíble. Aprieta la masa suavemente y limpia cualquier exceso pasando el rodillo por encima. Extiende la mermelada sobre la base.

3 Extiende con el rodillo el resto de la masa, incluidos los recortes, sobre una superficie espolvoreada con harina hasta los 3 mm. Con un cuchillo afilado, o una rueda cortadora ondulada, corta tiras de 2 cm. Coloca la mitad en una hoja de papel vegetal, separadas 2 cm entre ellas. Entrecruza las tiras restantes para hacer un dibujo de celosía o de red. Con cuidado, colócalas encima de la tarta, y recorta los bordes. Cubre con papel film y deja reposar en la nevera 20 minutos.

4 Precalienta el horno a 180 °C (gas 4). Mezcla el resto de la yema de huevo con 1 cucharadita de agua y engrasa la parte superior del pastel. Hornea 25-30 minutos, o hasta que la masa se dore y esté hecha.

5 Mientras tanto, calienta la mermelada de albaricoque con 1 cucharada de agua, y tamiza. Extiéndela sobre el pastel caliente. Deja enfriar. Sirve en porciones.

tarta de queso de nueva york

ESTADOS UNIDOS Casi todo el mundo ha probado alguna variedad de esta tarta de queso, que se ha hecho muy popular en la ciudad de Nueva York. La receta incluye mucha crema de queso que le da una textura muy cremosa y deliciosa. ¡Un postre que hará feliz a cualquiera!

base

250 g de galletas

125 g de mantequilla, derretida

relleno

750 g (3 tazas) de crema de queso, ablandada

220 g (1 taza) de azúcar superfino

35 g (¼ de taza) de harina

2 cucharaditas de cáscara de naranja rallada fina

2 cucharaditas de cáscara de limón rallada fina

4 huevos

185 ml (¾ de taza) de nata líquida

PARA 12 PERSONAS

1. Precalienta el horno a 150 °C (gas 2). Engrasa un molde redondo de 22 cm.
2. Para la base, tritura las galletas en un robot de cocina. Añade la mantequilla derretida y mezcla en el robot. Vierte la masa en el molde, presionándola suavemente contra la base y los lados, hasta casi tres cuartos de la altura. Deja reposar en la nevera mientras haces el relleno.
3. Para el relleno, bate con una batidora eléctrica la crema de queso, el azúcar, la harina y las cortezas de naranja y limón en un cuenco hasta que quede homogéneo. Añade los huevos, uno por uno, y bate bien cada vez. Bate también la crema con la batidora hasta que se ligue todo. Vierte la mezcla sobre la base en el molde. Golpea suavemente sobre la superficie para ayudar a que la mezcla se asiente bien.
4. Hornea 1 hora y 25 minutos, o hasta que se cuaje en el centro. Deja enfriar fuera del horno. Una vez enfriado, deja reposar en la nevera por lo menos 3 horas antes de servir.
5. Retira del molde y sirve en porciones con un surtido de frutas del bosque.

shortbread de escocia

ESCOCIA El *shortbread* viene de una receta escocesa de la época medieval, que los panaderos llamaban «pan» para eludir los impuestos derivados de elaborar galletas. Este tipo de shortbread, que se conoce como *petticoat tails,* «cola de enagua», era uno de los preferidos de María Estuardo, reina de Escocia, y recuerda a las piezas de tela triangulares que se utilizaban para hacer las enaguas que llevaban las damas.

250 g de mantequilla sin sal, blanda
125 g de azúcar superfino
300 g (2 tazas) de harina
115 g (⅔ de taza) de harina de arroz
azúcar para espolvorear

PARA 16 PORCIONES

1. Precalienta el horno a 160 °C (gas 2-3). Marca un círculo de 20 cm sobre dos hojas de papel vegetal y dales la vuelta. Tamiza las harinas.
2. En un cuenco, y con una batidora eléctrica, mezcla la mantequilla y el azúcar hasta obtener una masa pálida y cremosa. Añade las harinas y una pizca de sal, y mezcla con un cuchillo haciendo la acción de cortar hasta obtener una masa blanda. Recoge todo con las yemas de los dedos y divide en 2 porciones iguales. Con cada porción haz un disco y envuelve en papel film. Deja reposar en la nevera durante 20 minutos.
3. Con un rodillo espolvoreado ligeramente con harina, extiende la masa sobre el papel de hornear, de modo que llene los círculos trazados. Limpia los bordes y pellízcalos de forma decorativa. Coloca cada círculo y su papel sobre una bandeja de horno. Con un cuchillo afilado, marca ocho porciones, y con un tenedor, marca la superficie con puntitos. Espolvorea con azúcar.
4. Hornea durante 35 minutos o hasta que esté firme, doradito y cocido. Deja enfriar en las rejillas. Corta en porciones y guarda en un recipiente hermético.

Nota: Se puede guardar en un recipiente hermético hasta una semana.

pasteles de nata

PORTUGAL Se dice que unos monjes del monasterio de los Jerónimos de Belem, en Lisboa, mantuvieron en secreto la receta de estos pasteles de Belem durante 300 años. Debido a la Revolución liberal de 1830, los monjes fueron expulsados y la receta secreta se extendió por todo el país. Aunque se llamen pasteles de nata, no llevan nata.

masa

185 g (1 ¼ tazas) de harina

25 g de manteca de coco o margarina, en trozos pequeños y blanda

30 g de mantequilla sin sal, blanda

relleno

220 g (1 taza) de azúcar

30 g (¼ de taza) de maicena

1 cucharada de polvos para natilla

500 ml (2 tazas) de leche

4 yemas de huevo, ligeramente batidas

1 cucharadita de extracto natural de vainilla

PARA 12 PASTELES

1 Para la masa, tamiza la harina en un cuenco grande y poco a poco añade 170 ml (⅔ de taza) de agua, o la suficiente para formar una masa blanda. Haz una bola, y extiéndela con un rodillo entre dos hojas de papel vegetal, para formar un rectángulo grande (24 x 30 cm). Engrasa la superficie de la masa con la manteca. Enrolla desde el extremo corto para formar un tronco.

2 Vuelve a extender la masa y engrásala con la mantequilla. Enrolla de nuevo, y corta en 12 rodajas iguales. Coloca cada rodaja en un molde para magdalenas de 80 ml (⅓ de taza). Con las yemas de los dedos, aprieta la masa desde el centro hasta el exterior, para forrar la base y los lados. Deja reposar en la nevera hasta que la necesites.

3 Para el relleno, pon el azúcar con 80 ml (⅓ de taza) de agua en un cazo pequeño y remueve a fuego lento hasta que se disuelva. Deja aparte. En un cuenco pequeño, mezcla la maicena y los polvos para natillas, y mientras lo remueves, añade un poco de leche para formar una pasta homogénea. Incorpora al cazo con el resto de la leche, la yema de huevo y la vainilla. Remueve a fuego lento hasta que se espese. Transfiere a un cuenco, cubre y deja enfriar.

4 Precalienta el horno a 220 °C (gas 7).

5 Reparte el relleno en porciones iguales. Hornea durante 25-30 minutos, o hasta que cuaje y la parte superior se haya dorado. Deja enfriar en el molde antes de servir.

lamingtons

AUSTRALIA Este postre es un icono en Australia, Los lamingtons a veces están rellenos de nata y mermelada, aunque tradicionalmente solo son cubos de bizcocho mojados en chocolate y espolvoreados con coco rallado. Reciben su nombre de Lord Lamington, gobernador del estado australiano de Queensland de 1896 a 1901.

150 g (1 taza) de harina con levadura
75 g (½ taza) de harina
125 g de mantequilla, en dados y blanda
145 g (⅔ de taza) de azúcar superfino
3 huevos, a temperatura ambiente
60 ml (¼ de taza) de leche
1 cucharadita de extracto natural de vainilla
270 g (3 tazas) de coco rallado

glaseado

500 g (4 tazas) de azúcar glas
40 g (⅓ de taza) de cacao en polvo sin azúcar
30 g de mantequilla, en dados
125 ml (½ taza) de agua hirviendo

PARA 16 PERSONAS

1 Precalienta el horno a 180 °C (gas 4). Engrasa un molde cuadrado de 20 cm y forra la base y los lados con papel de hornear.

2 Tamiza las harinas en un cuenco de tamaño medio. Añade la mantequilla, el azúcar, los huevos, la leche y la vainilla. Con una batidora eléctrica, mezcla a velocidad lenta hasta que los ingredientes estén ligados. Aumenta la velocidad y bate 3-5 minutos, o hasta que quede homogénea y la masa tenga un color pálido y aumente su volumen. Con una cuchara, pon la masa en el molde, y aplánala suavemente con la parte posterior. Hornea 35-40 minutos, o hasta que al insertar un pincho, salga limpio. Deja reposar en el molde durante 5 minutos antes de sacarlo. Después, deja enfriar sobre la rejilla.

3 Con un cuchillo de sierra afilado, nivela la parte superior del pastel si es necesario, y también los lados. Divide el pastel en 16 porciones iguales.

4 Pon 90 g (1 taza) del coco sobre papel vegetal, o en un plato y tenlo a mano. Para hacer el glaseado, tamiza el azúcar glas y el cacao en polvo en un cuenco grande. Echa la mantequilla en el agua hirviendo y remueve hasta que se disuelva. Añade a la mezcla de azúcar glas y remueve hasta que quede homogéneo. Con la ayuda de dos tenedores, moja una porción del pastel en el glaseado de chocolate para cubrirla y deja que el exceso caiga en el cuenco. (Si el glaseado es demasiado espeso, añade un poco más de agua hirviendo.) Haz rodar las porciones en el coco, cubriéndolas uniformemente, y después colócalas en una rejilla. Repite con las demás porciones, y añade el resto del coco rallado según se necesite.

Nota: Si haces el pastel el día anterior, será más fácil cortarlo y no se romperá tanto cuando lo cubras con el glaseado de chocolate.

lebkuchen

ALEMANIA El lebkuchen nació en la ciudad alemana de Nuremberg en 1835. Es una galleta especiada; una galleta de jengibre oscura con un glaseado blanco. Es típica en Alemania y se come durante las navidades. Esta receta incluye un delicioso glaseado de chocolate blanco.

- 350 g (2⅓ tazas) de harina
- 60 g (½ taza) de maicena
- 60 g (½ taza) de azúcar moreno
- 1 cucharadita de mezcla de especias
- 1 cucharadita de canela molida
- ½ cucharadita de nuez moscada molida
- 100 g de mantequilla sin sal, en dados
- 260 g (¾ de taza) de melaza
- 2 cucharadas de leche
- 300 g (2 tazas) de chocolate blanco fundido

PARA UNAS 48 GALLETAS

1. Precalienta el horno a 180 °C (gas 4). Cubre dos bandejas del horno con papel vegetal.
2. Tamiza las harinas, el azúcar y las especias en un cuenco grande y haz un hoyo en el centro.
3. Pon la mantequilla, la melaza y la leche en un cazo pequeño a fuego lento. Remueve hasta que la mantequilla se haya derretido y quede una mezcla homogénea. Retira del fuego y, con una cuchara de madera, añade los ingredientes secos hasta que todo quede bien ligado (quedará bastante húmedo). Deja enfriar a temperatura ambiente.
4. Divide la masa en tres porciones. Con el rodillo, extiende cada porción sobre una superficie espolvoreada con harina hasta un grosor de 8 mm. Recórtalas con un cortador en forma de corazón y colócalas en las bandejas. Repite con el resto de la masa.
5. Hornea durante 12 minutos, intercambiando las bandejas, hasta que las galletas empiecen a dorarse en los bordes. Deja enfriar en las bandejas, y después transfiere a las rejillas.
6. Pon el chocolate blanco en un bol pequeño a prueba de calor encima de un cazo de agua caliente, como un baño María, pero sin que el bol toque el agua. Remueve de vez en cuando hasta que se funda el chocolate.
7. Moja una mitad de cada galleta en el chocolate, y deja que se escurra el sobrante en el bol. Pon las galletas sobre papel vegetal hasta que el chocolate se seque.

Nota: Estas galletas pueden guardarse en un recipiente hermético hasta 5 días.

hot cross buns (panecillos de pascua)

INGLATERRA Estos panecillos dulces y especiados forman parte de la tradición de Pascua en muchos países cristianos. En Inglaterra se intentó prohibirlos por razones religiosas pero eran demasiado populares, así que la reina Isabel I introdujo una ley para que solamente pudieran comerse durante la Pascua.

600 g (4 tazas) de harina de fuerza
1 cucharadita de mezcla de especias
1 cucharadita de canela molida
2 cucharadas de azúcar superfino
14 g de levadura en polvo
40 g de mantequilla
210 g (1 ⅔ tazas) de pasas sultanas

pasta para cruces

35 g (¼ de taza) de harina
¼ de cucharadita de azúcar superfino

glaseado

1 ½ cucharadas de azúcar superfino
1 cucharadita de gelatina

PARA 12 PANECILLOS

1 Tamiza la harina y las especias en un cuenco grande. Añade el azúcar y la levadura y remueve. Agrega la mantequilla y mezcla con las yemas de los dedos. Añade las pasas y remueve. Haz un hoyo en el centro y vierte 310 ml (1 ¼ tazas) de agua tibia. Remueve con una cuchara de madera, y después con las manos, hasta formar una masa homogénea. Ponla sobre una superficie enharinada y amasa 5 minutos, o hasta que quede homogénea. Añade más harina si es necesario.

2 Pon la masa en un cuenco espolvoreado con harina, cubre con papel film y deja en un lugar seco y caliente durante 40 minutos, o hasta que haya doblado su tamaño.

3 Precalienta el horno a 200 °C (gas 6). Engrasa ligeramente una fuente de horno. Pon la masa sobre una superficie espolvoreada con harina y amasa suavemente para quitar el aire. Divide en 12 porciones iguales y haz bolas. Pon las bolas en la fuente, tocándose unas con otras. Cubre con papel film y deja en un lugar seco y cálido durante 20 minutos, o hasta que doblen su tamaño.

4 Para hacer las cruces, mezcla la harina, el azúcar y 2 ½ cucharadas de agua para hacer una pasta. Échala en una bolsa de congelar y corta una esquina. Ahora puedes trazar las líneas sobre los panecillos.

5 Hornea 20 minutos, o hasta que se doren y estén cocidos.

6 Mientras tanto, pon el azúcar, la gelatina y 1 cucharada de agua en un cazo pequeño y remueve a fuego medio hasta que se disuelva. Pinta los panecillos y deja enfriar.

Nota: Se pueden poner otros frutos secos. A menudo, se utilizan grosellas y trocitos de fruta confitada. Las cruces pueden ser una masa de harina y agua, o simplemente se marcan en la masa antes de dejarla fermentar.

baklava

ARMENIA También es un postre popular en Grecia, Turquía y Próximo Oriente. Se dice que lo introdujeron los cristianos armenios y que utilizaban 40 hojas de masa que simbolizaban los 40 días de la Cuaresma. Tradicionalmente, el baklava armenio se hornea en una fuente redonda y se marca con un dibujo de rombos.

375 g (3¾ tazas) de nueces, picadas pequeñas

155 g (1 taza) de almendras, picadas pequeñas

½ cucharadita de canela molida

½ cucharadita de mezcla de especias

1 cucharada de azúcar superfino

16 hojas de masa de hojaldre

1 ½ cucharadas de aceite de oliva

250 g de mantequilla sin sal, derretida

sirope

165 g (¾ de taza) de azúcar

260 g (¾ de taza) de miel

3 clavos de olor enteros

3 cucharaditas de zumo de limón recién exprimido

PARA 16 PORCIONES

1 Precalienta el horno a 180 °C (gas 4). Engrasa ligeramente la base y los laterales de una fuente poco profunda (18 x 28 cm).

2 Mezcla las nueces, las almendras, las especias y el azúcar y divide en tres porciones iguales.

3 Trabaja las hojas de masa de una en una (mantén las otras cubiertas con un paño limpio y húmedo para que no se sequen). Pon una hoja de masa sobre la superficie de la cocina. Mezcla el aceite y la mantequilla derretida y embadurna generosamente la hoja de masa. Dobla la hoja a lo ancho y corta los extremos para que quepa bien en la base de la fuente. Repite con 3 hojas más, aplicando la mezcla de mantequilla cada vez.

4 Espolvorea una parte del relleno de nuez sobre la masa. Sigue poniendo la mantequilla sobre la masa, 4 hojas a la vez, y pon una capa de nueces. Acaba con una capa de masa.

5 Limpia los bordes y con el resto de la mantequilla y del aceite embadurna la parte superior del pastel. Con un cuchillo marca cuatro porciones a lo largo. Hornea durante 30 minutos, o hasta que estén dorados y crujientes.

6 Para el sirope, pon el azúcar, la miel, los clavos, el zumo de limón y 310 ml (1 ¼ tazas) de agua en un cazo pequeño a fuego lento y remueve hasta que se disuelva el azúcar. Lleva a ebullición, y después baja el fuego y deja cocer a fuego lento, sin remover, durante 10 minutos, o hasta que se espese. Cuando esté hecho el pastel, vierte encima el sirope caliente. Deja enfriar y sirve en porciones en forma de rombo.

Nota: Se puede guardar hasta 5 días en un recipiente hermético.

fruit mince pies (tartaletas de frutas)

INGLATERRA Este postre se remonta a la Edad Media, aunque entonces se servía como tartaleta salada de carne, con especias y frutos secos para que se conservara durante más tiempo. Tradicionalmente se sirve durante las fiestas navideñas, y ahora son dulces y de fruta.

azúcar glas, para espolvorear

masa

300 g (2 tazas) de harina

150 g de mantequilla sin sal, enfriada y en dados

85 g (⅔ de taza) de azúcar glas

2-3 cucharadas de agua muy fría

relleno

60 g (⅓ de taza) de azúcar moreno blando

55 g (⅓ de taza) de pasas, picadas

40 g (⅓ de taza) de pasas sultanas

40 g (¼ de taza) de mezcla de cáscaras de cítricos confitadas

1 cucharada de grosellas

1 cucharada de almendras, picadas

1 manzana pequeña, rallada

1 cucharada de zumo de limón recién exprimido

1 cucharadita de cáscara de naranja, rallada fina

½ cucharadita de mezcla de especias

25 g de mantequilla sin sal, derretida

PARA 16 TARTALETAS

1 Para el relleno, mezcla todos los ingredientes en un cuenco. Cubre y deja reposar durante la noche.

2 Precalienta el horno a 180 °C (gas 4). Engrasa ligeramente dos moldes para 12 tartaletas.

3 Para la masa, tamiza la harina en un cuenco. Utiliza las yemas de los dedos para mezclarla con la mantequilla hasta que parezca migas de pan. Añade el azúcar glas, mézclalo y haz un hoyo en el centro. Añade casi toda el agua fría y mezcla con una espátula hasta que empiece a ligar en forma de perlas. Si es necesario, añade el resto del agua. Vierte la masa sobre una superficie espolvoreada y amasa suavemente hasta que quede homogénea. Divide en tres porciones iguales.

4 Con un rodillo espolvoreado, extiende una parte de la masa hasta un grosor de 3 mm. Con un cortador circular estriado de 6 mm, recorta ocho círculos. Forra las cavidades del molde y presiona suavemente. Repite con otra porción de masa para obtener ocho tartaletas más.

5 Reparte el relleno entre las tartaletas. Extiende el resto de la masa con el rodillo hasta un grosor de 2 mm. Con un cortador en forma de estrella, recorta 16 estrellas, y coloca cada una encima de una tartaleta.

6 Hornea durante 25 minutos o hasta que la masa esté dorada y hecha. Deja reposar en el molde durante 5 minutos y después sácalas con cuidado. Deja enfriar sobre la rejilla. Espolvorea con azúcar glas y sirve.

galletas anzac

AUSTRALIA Estas galletas, también llamadas «galletas de soldados», se remontan a 1915 (durante la primera Guerra Mundial), cuando las mujeres y madres de los soldados las preparaban para enviárselas a las tropas en el extranjero. Estas galletas eran económicas y se conservaban bien porque no contenían huevos ni leche.

150 g (1 taza) de harina

165 g (¾ de taza) de azúcar moreno compacto

100 g (1 taza) de copos de avena

90 g (1 taza) de coco rallado y seco

125 g de mantequilla sin sal, en dados

90 g (¼ de taza) de melaza

1 cucharadita de bicarbonato de sodio

PARA 24 GALLETAS

1 Precalienta el horno a 180 °C (gas 4). Forra dos bandejas de horno con papel vegetal.

2 Tamiza la harina en un cuenco grande. Añade el azúcar, los copos de avena y el coco y haz un hoyo en el centro.

3 Pon la mantequilla y la melaza en un cazo pequeño y remueve a fuego lento hasta que se derrita la mantequilla y quede homogéneo. Retira del fuego. Disuelve el bicarbonato de sodio en 1 cucharada de agua hirviendo y añádelo inmediatamente a la mezcla de mantequilla. En seguida formará una espuma. Añade a los ingredientes secos y remueve con una cuchara de madera hasta que quede bien mezclado.

4 Con cucharadas rasa de mezcla, haz bolas y ponlas en las bandejas, dejando espacio para que se extiendan. Aplana cada galleta ligeramente con las yemas de los dedos. Hornea 20 minutos, o hasta que se doren. Deja enfriar en las bandejas 5 minutos y luego transfiérelas a una rejilla para enfriar completamente.

biscotti

ITALIA Estas galletas crujientes son típicas de la Toscana italiana. Existen desde hace siglos y tienen varios equivalentes por el Mediterráneo: carquiñoles o *carquinyolis,* rosegones... *Bis cotto* significa «cocido dos veces», refiriéndose exactamente a la manera en que se han cocido desde hace generaciones.

410 g (2¾ tazas) de harina tamizada

½ cucharadita de levadura en polvo

3 huevos, ligeramente batidos

165 g (¾ de taza) de azúcar superfino

½ cucharadita de extracto natural de vainilla

150 g (1 taza) de almendras blanqueadas o pistachos (o una mezcla de ambos)

PARA 30 UNIDADES

1 Precalienta el horno a 180 °C (gas 4). Forra dos bandejas del horno con papel vegetal. Tamiza la harina con la levadura en polvo.

2 Utiliza una batidora eléctrica para batir los huevos, el azúcar y la vainilla, hasta que se espese y tome un color pálido. Añade la harina y los frutos secos, y remueve hasta obtener una masa homogénea. Vierte sobre una superficie espolvoreada y divídela en dos porciones iguales.

3 Extiende cada porción y haz un cilindro de 20 cm de largo. Coloca en la bandeja y aplana suavemente. Hornea 35 minutos, o hasta que esté hecho. Deja enfriar 15 minutos. Baja la temperatura del horno a 170 °C (gas 3).

4 Con un cuchillo de sierra, corta cada cilindro en rodajas diagonales de 1 cm. Coloca en las bandejas. Hornea 15-20 minutos más, o hasta que las galletas estén doraditas y secas. Deja enfriar en la rejilla.

damper

AUSTRALIA Los vaqueros australianos hacían este pan de soda durante las semanas o meses que duraba el pastoreo, cuando guiaban al ganado por lugares remotos y semidesérticos y solo podían llevarse algunos ingredientes básicos para cocinar. Tradicionalmente se cocía en una fogata.

450 g (3 tazas) de harina con levadura, y más para espolvorear

1 cucharadita de sal

90 g de mantequilla sin sal, derretida

125 ml (½ taza) de leche, y más para barnizar

mantequilla y melaza, para acompañar

PARA 8 PERSONAS

1 Precalienta el horno a 210 °C (gas 6-7). Engrasa ligeramente una bandeja del horno.

2 Tamiza la harina y la sal en un cuenco y haz un hoyo en el centro. Mezcla la mantequilla, la leche y 160 ml (¾ de taza) de agua e incorpóralo a la harina. Con una espátula, remueve hasta que esté bien mezclado.

3 Pon la masa sobre una superficie espolvoreada y amasa unos 20 segundos, o hasta que esté homogéneo. Coloca en la bandeja y presiona hacia el exterior para hacer una pieza redonda de 20 cm de diámetro.

4 Con un cuchillo de punta afilada, marca 8 secciones, con marcas de 1 cm de profundidad. Moja con un poco de leche, y espolvorea con la harina extra.

5 Hornea durante 10 minutos. Baja la temperatura del horno a 180 °C (gas 4) y hornea 10 minutos más, o hasta que esté dorado y suene a hueco al golperlo en la base.

6 Sirve caliente o a temperatura ambiente, con mantequilla y melaza.

glosario

Al dente
Expresión italiana que describe la pasta cocida pero firme al morderla.

Arroz arborio
Arroz de grano corto y grueso de origen italiano que se utiliza para hacer risottos porque al cocerlo mantiene su forma a la vez que adquiere una textura cremosa.

Arroz basmati
Arroz de grano largo y delgado con sabor a nueces, que suele utilizarse en la cocina de la India y Oriente Medio. El nombre significa «aromático».

Arroz jazmín
Arroz aromático de grano largo típico de Tailandia. Es muy utilizado en la cocina tailandesa, china y otros países del sudeste asiático.

Azafrán
Especia aromática que se utiliza para dar sabor a la comida y teñirla de color amarillo dorado. Se utiliza en hebras o molido y en pequeñas cantidades porque su aroma es muy intenso.

Azúcar de palma
Azúcar sin refinar que se obtiene de la savia de unas palmeras y palmitos. Hay dos variantes: con la textura de miel cremosa, o confitada, o en forma de cilindro que se tiene que rallar o cortar en trozos pequeños para medir y utilizarlo. Tradicionalmente se utiliza para endulzar la comida en la cocina india y asiática. Si no lo encuentras, lo puedes sustituir por azúcar moreno.

Brotes de soja
Son los brotes jóvenes y pálidos de la soja verde y suelen utilizarse en la cocina asiática. Normalmente tienes que cortarles las puntas y guardarlos en una bolsa de plástico en la parte más fría de la nevera, no más de 3 días.

Bocconcini
Queso mozzarella fresco, que normalmente se vende en bolitas pequeñas envasadas en su suero, o agua. En italiano significa «pequeño bocado».

Bulgur
Granos de trigo que se cuecen parcialmente, se dejan secar al sol, y finalmente se machacan en pedazos gruesos. Se utiliza mucho en la cocina de Oriente Medio y del Magreb, y es la base del tabulé *(ver página 132)*.

Curry Madrás
Mezcla bastante picante de especias molidas compuesta de guindillas secas, semillas de cilantro, comino, semillas de mostaza, granos de pimienta negra, hojas de curry, jengibre y cúrcuma. Es originaria de Madrás (actual Chenai), en el sur de la India.

Cuscús
Plato de sémola de trigo, un ingrediente básico de la cocina del Magreb, que se utiliza en platos dulces y salados.

Char siu
Cerdo chino asado que previamente se ha adobado en una mezcla agridulce.

Feta
Queso tradicional griego de sabor salado que debe guardarse sumergido en agua ligeramente salada y en la nevera. Antes de utilizar, se debe enjuagar y secar.

Fideos cabello de ángel
Pasta similar al espagueti pero mucho más delgada que se comercializa larga, en forma de nidos, o bien cortada.

Fideos de arroz
Se dejan en agua caliente hasta que se ablandan, o se cuecen brevemente en agua hirviendo, antes de añadirlos a los platos.

Fideos Hokkien
También se conocen como *hokkien mee,* y son fideos frescos de huevo, muy populares en la cocina china.

Fontina
Famoso queso de vaca italiano, de color amarillo pálido. Tiene muchos agujeros y sabe ligeramente a nueces. Se funde fácilmente, con lo cual es ideal para cocinar.

Ghee
Mantequilla clarificada que se ha dejado cocer hasta que se ha evaporado toda el agua y los componentes sólidos de la leche se han decantado hasta el fondo. Tiene un sabor a nueces y caramelo, y suele utilizarse en la cocina india, en lugar de mantequilla o aceite.

Gruyère
Queso suizo de leche de vaca. Tiene un sabor a nueces rico y dulce, y es ideal para comer solo o como ingrediente de cocina.

Haloumi
Queso semiduro originario de Chipre que se conserva en su suero y en salmuera. Tiene un fuerte sabor salado y un punto de fundido alto, con lo cual es ideal para platos a la parrilla y fritos.

Harissa
Salsa muy picante originaria de Túnez y común en todo el Magreb. Tradicionalmente se sirve con el cuscús, o se utiliza para dar sabor a sopas y estofados. Utiliza solo un poco al principio y añade más si quieres intensificar el sabor picante.

Hojas de lima kaffir (makrut)
Las hojas de una planta cítrica que se cultiva en el sudeste asiático. Las hojas de doble capa se utilizan en los currys, las sopas y las ensaladas para dar un ligero sabor cítrico.

Hojas de parra
Grandes hojas verdes de las viñas, que normalmente se venden enlatadas en salmuera. Los cocineros griegos y de Oriente Medio las utilizan para envolver la comida antes de cocerla. Se tienen que escurrir y enjuagar antes de utilizar.

Jengibre encurtido
En Japón se llama *gari,* y se corta en lonchas finas marinado en una mezcla de azúcar y vinagre. Se suele servir para acompañar el sushi *(ver página 58).*

Kecap manis
Salsa de soja espesa y dulce con un sabor intenso. Viene de Indonesia, pero si no la encuentras, puedes sustituirla por una salsa de soja normal, mezclada con un poco de azúcar moreno.

Kefalotyri
Queso duro y salado de Grecia y Chipre, de color amarillo pálido. Se hace con leche de oveja y/o cabra. Si no lo encuentras, puedes utilizar queso parmesano.

Limoncillo

Esta hierba es muy popular en la cocina tailandesa y vietnamita, y da un sabor a limón a los platos salteados al wok y a los currys. Se corta únicamente la parte pálida. También se puede golpear ligeramente y añadir entera a un plato de cocción lenta, pero se retira antes de servir.

Masa de hojaldre

Masa muy delgada (casi como papel de seda) que se utiliza en muchas recetas dulces y saladas de Grecia y de Oriente Medio. Normalmente se embadurna con mantequilla y se prepara en capas antes de hornearla. Baklava *(ver página 176)* y Spanakopita *(ver página 104)* son dos conocidos platos que utilizan esta masa de hojaldre. Se puede conseguir fresca o congelada.

Mirin

Vino dulce de arroz procedente de Japón, que se utiliza para cocinar. Añade un toque dulce y sabor a muchos platos y salsas.

Miso

Mezcla de soja fermentada con sal marina y algún cereal que se deja madurar hasta convertirse en una pasta. Se comercializa en una gran variedad de colores, sabores y texturas, aunque el blanco y el rojo son los más comunes. Se utiliza en la cocina japonesa para dar sabor, y es una buena fuente de proteínas y vitamina B.

Mortero

Cuenco de cerámica, piedra, mármol o madera, que con la ayuda de la mano de mortero se utiliza para machacar o moler ingredientes, generalmente especias y/o hierbas, y para preparar picadas, pastas y salsas. Se utiliza en todo el mundo y los hay de muchas formas y tamaños.

Mozzarella

Queso semiblando y de color amarillo pálido que se hace con leche de búfala y/o de vaca. Tiene una forma redonda o de pera. Es muy común en la cocina italiana y suele utilizarse para las pizzas y la lasaña, porque se vuelve fibroso cuando se calienta. La mozzarella fresca es casi blanca, y tiene una textura más blanda y un sabor dulce y sutil.

Nori

Hojas delgadas de algas secas. En la cocina japonesa se utilizan para envolver el sushi y las bolitas de arroz. A veces se corta en trozos pequeños y se utiliza como condimento o adorno.

Obleas de papel de arroz

Láminas delgadas como el papel que son translúcidas y comestibles. Se hacen con una pasta de harina de arroz, harina de mandioca, sal y agua, que se extiende sobre esterillas de bambú y se deja secar. (Mira las láminas y verás el dibujo marcado del bambú). Las obleas de papel de arroz suelen ser redondas y cuadradas. Siempre se dejan en remojo brevemente antes de utilizarlas, y sirven para envolver la comida fresca o frita.

Parmesano

Queso duro italiano de sabor intenso, salado y distintivo, hecho con leche de vaca. Puedes comprar el parmesano ya rallado, pero lo más recomendable es comprarlo en un bloque y rallarlo cuando lo necesites: es más sabroso.

Pasta de gambas

Una pasta firme que se vende en bloques y se utiliza en la cocina del sudeste asiático. Se hace con gambas fermentadas y saladas molidas, por eso tiene un sabor salado e intenso a pescado. Suele utilizarse en pequeñas cantidades. Cuando se abre el paquete a veces su aroma es muy fuerte, hasta ofensivo, pero no dejes de usarla. Hay que cocinarla o asarla antes de añadirla a los platos. La manera más fácil es envolverla en papel de aluminio y colocarla bajo el grill precalentado 3 minutos por cada lado, o hasta obtener un aroma tostado y menos intenso.

Pasta de tamarindo

El tamarindo es la fruta de un árbol nativo de Asia y el Norte de África, que también se conoce como dátil de la India. La pulpa agria de la fruta se vende en forma de pasta concentrada, o seca en forma de bloque. Se utiliza en los platos de Oriente Medio y del este de la India como aromatizante, como el limón en la cocina occidental. También es un ingrediente básico de la salsa Worcester *(ver más abajo).*

Salsa de ostras

Originario de China, esta salsa se hace de soja y ostras secas. Tiene un intenso sabor a marisco y es ideal para condimentar platos salteados al wok y con fideos.

Salsa de pescado

Condimento de intenso aroma y fuerte sabor a pescado, se hace con el líquido del pescado salado y fermentado. Se utiliza para sazonar en la cocina del sudeste asiático de manera similar a como se utiliza la sal en los platos occidentales. Tiene nombres diferentes según los países. Nuoc cham es la versión vietnamita y es la que se encuentra más fácilmente.

Salsa tabasco

Salsa muy picante que se hace con guindillas rojas pequeñas (fermentadas durante 3 años), sal y vinagre. Es originaria del estado mexicano de Tabasco. Una cantidad muy pequeña rinde mucho: úsala con moderación.

Salsa Worcester

Este condimento lo desarrollaron los ingleses cuando estaban en la India, sin embargo recibe su nombre del condado de Worcestershire, en Inglaterra, donde se embotelló por primera vez. Es una salsa intensa con una combinación de ingredientes poco común, incluyendo ajo, salsa de soja, tamarindo, cebolla, melaza, lima, anchoas y vinagre.

Savoiardi

Lo que en España se conoce como bizcocho de soletilla, en Italia, de donde son originarios, se los conoce como savoiardi. Son una galletas tradicionales que suelen utilizarse para hacer postres como el tiramisú *(ver página 153).*

Setas shiitake

Setas con cabeza marrón y un intenso sabor a carne, provienen originariamente de Japón y Corea. A veces se llaman setas negras de China.

Suero de leche

Leche desnatada a la que se le añade un cultivo bacteriano para darle un sabor ligeramente ácido y una textura espesa. Se suele utilizar en los crepes y pasteles para que tengan una textura ligera.

Tahini

Pasta espesa que se hace con semillas de sésamo molidas, y se suele utilizar en la cocina de Oriente Medio. Es esencial para el hummus *(ver página 36).*

Tofu o queso de soja

El tofu frito, crujiente por fuera y blando por dentro, es ideal para platos salteados al wok y sopas al estilo asiático.

Vino de arroz de Shaoxing

Vino tradicional chino, hecho de arroz fermentado. Recibe su nombre de una famosa ciudad vinícola de China. Se toma como bebida y se utiliza en la cocina. A veces se le llama vino de arroz chino.

Wasabi

También llamado rábano picante japonés, esta pasta se hace con la raíz de dicha planta asiática. Tiene un sabor amargo, picante y muy intenso.

índice

A

acelgas y queso feta, empanadas de, 104
algóndigas de cordero, 89
arancini, 40
arroz
  arroz con leche y cardamomo, 151
  arroz frito, 64
  hojas de parra rellenas, 43
  nasi goreng, 86
  pilaf, 136
  pilaf de cordero, 107
  risi e bisi, 48
  risotto de zanahoria y calabaza, 93
  rollos de sushi, 58
atún
  ensalada niçoise, 67
  rollos de sushi, 58

B

baklava, 176
bayas; ver frutas del bosque
birchermuësli, 12
biscotti, 181
börek, 43

C

calabacín y queso haloumi, tortitas de, 141
calabaza y zanahoria, risotto de, 93
cerdo
  fideos al estilo de Singapur, 95
  lasaña, 116
  pad thai, 82
  san choy bao, 34
chocolate
  petits pots au chocolat, 161
  soufflés calientes de chocolate, 154
  tiramisú, 153
consejos para la cocina, 9
cordero
  albóndigas de cordero, 89
  börek, 44
  cordero indio enrollado, 35
  kefte de cordero, 89
  pilaf de cordero, 107
  rollitos crujientes de cordero, 44
corn chowder, 49
crème caramel, 147
crepes con limón y azúcar, 150
cucharas de medición, 7
curry de pescado del sur de la India, 108
curry rojo tailandés de verduras, 108
cuscús dulce, 25

D

damper, 182
dhal, 139
dolmades, 43

E

empanadas de acelgas y queso, 104
empanadas de Cornualles, 39
empanadas de ternera, 111
enchiladas, 61
ensaladas
  ensalada de fideos estilo tailandés, 50
  ensalada de ternera estilo tailandés, 54
  ensalada de tomate y bocconcini, 135
  ensalada griega, 135
  ensalada niçoise, 67
  insalata caprese, 135
  tabulé, 132

F

falafel, 36
fideos
  ensalada de fideos estilo tailandés, 95
  fideos al estilo de Singapur, 95
  fideos hokkien con ternera, 99
  laksa de gambas, 70
  pad thai, 82
  rollitos de primavera vietnamitas, 47
flan, 147
fresa con yogur, smoothie de, 26
fruit mince pies, 179
frutas del bosque
  granita de fresa, 160
  pudines de verano individuales, 148
  smoothie de yogur de fresa, 26
  smoothie de frutas del bosque, 26
  tartas de fresa, 157
frutos secos
  biscotti, 181
  cuscús dulce, 25

G

galletas
  galletas anzac, 180
  lebkuchen, 172
  shortbread de Escocia, 167
gambas
  fideos al estilo de Singapur, 95
  gambas con feta al horno, 84
  garídes saganaki, 84
  laksa de gambas, 70
  nasi goreng, 86
  pad thai, 82
  pinchos de gambas y chorizo a la plancha, 112
  rollitos de primavera vietnamitas, 47
garbanzos
  hummus, 36
  tajín de verduras y garbanzos, 119
gnocchi con salsa de tomate, 92
granita de fresa, 160
gremolata, osso buco con, 81
guacamole, 30
guisantes
  risi e bisi, 48
  sopa de arroz y guisantes, 48

H

hamburguesa, 123
hojas de parra rellenas, 43
horno, cómo utilizar el, 7
hot cross buns, 175
huevos
  ensalada niçoise, 67
  huevos al horno con nata al estilo suizo, 23
  quiche lorraine, 57
  rösti de patata y zanahoria con huevo frito, 19
  tiramisú, 153
  tortilla de patatas, 62
  tortilla vietnamita, 16
  torrijas, 22
hummus, 36

I

insalata caprese, 135

K

kefte de cordero, albóndigas de cordero, 89

L

laksa de gambas, 70
lamingtons, 171
lasaña, 116
lebkuchen, 172
legumbres: ver también garbanzos; guisantes
  enchiladas, 61
  lentejas dhal, 139
  minestrone con pesto, 74
  nachos, 30
linzertorte, 163

M

maíz, pan de, 128
maki sushi, 58
mantequilla de cacahuete y plátano, smoothie de, 26
marisco: ver pescado; gambas
medidas en seco, 7

medidas líquidas, 7
minestrone con pesto, 74
muesli, 12
murgh makhani, 124

N

naan, 131
naan al ajo, 131
nachos, 30
nasi goreng, 86
nuoc cham, 16

O

osso buco, 81

P

pad thai, 82
pain perdu, 22
pan
damper, 182
naan, 131
naan al ajo, 131
pan de maíz, 128
panecillos de Pascua, 175
panqueques de Escocia, 20
torrijas, 22
welsh rarebbit, 15
pasta
lasaña, 116
pastel de pasta y carne, 78
pastitsio (pasta y carne al horno), 78
penne alla napolitana, 85
spaghetti bolognesa, 103
pasteles de nata, de Belem, 168
patatas
ensalada de patata, 115
gnocchi con salsa de tomate, 92
rösti de patata y zanahoria con huevo frito, 19
tortilla de patata, 62
tortitas de patata con salmón, 77
pavlova, 144
penne alla napolitana, 85
pescado
curry de pescado del sur de la India, 96
ensalada niçoise, 67
rollos de sushi, 58
tortas de pescado al estilo tailandés, 33
tortitas de patata con salmón, 77
petits pots au chocolat, 161
pilaf, 136
pilaf de cordero, 107
pinchos
pinchos de gambas y chorizo a la plancha, 112
satay de pollo, 90
seekh kebabs, 53
yakitori de pollo, 100
pizza
pizza de verduras a la plancha, 120
pizza margarita, 120
plátano y mantequilla de cacahuete, smoothie de, 26
pollo
nasi goreng, 86
pollo a la mantequilla, 124
satay de pollo, 90
sopa de maíz enano y pollo, 73
yakitori de pollo, 100
porridge, 12
pudines de sagú, 158
pudines de verano individuales, 148

Q

queso
arancini, 40
enchiladas, 61
ensalada de tomate y bocconcini, 135
ensalada griega, 135
gambas con feta al horno, 84
quiche lorraine, 57
spanakopita (empanadas de acelgas con queso), 104
tarta de queso de Nueva York, 164
tiramisú, 153
tortitas de calabacín y queso haloumi, 141
Welsh rarebbit, 15

R

ratatouille, 140
risi e bisi, 48

risotto de zanahoria y calabaza, 93
rollitos crujientes de cordero, 44
rollitos de primavera vietnamitas, 47
rollos de sushi, 58
rösti de patata y zanahoria con
huevo frito, 19

S

sagú, pudines de, 158
salmón y patata, tortitas de, 77
salsa de cacahuete, 90
salsas
guacamole, 30
hummus, 36
san choy bao, 34
satay de pollo, 90
seekh kebabs, 53
seguridad alimentaria, 8-9
shortbread de Escocia, 167
smoothies
smoothies de California, 26
smoothie de frutas del bosque, 26
smoothie de mantequilla de cacahuetes
y plátano, 26
smoothie de yogur de fresa, 26
smoothie tropical, 26
sopas
crema de maíz, 49
laksa de gambas, 70
minestrone con pesto, 74
sopa de arroz y guisantes, 48
sopa de maíz enano y pollo, 73
soufflés calientes de chocolate, 154
spaghetti bolognesa, 103
spanakópita (empanadas de acelgas y
queso), 104
sushi, rollos de, 58

T

tablas de cortar, 7
tabulé, 132
tajín de verduras y garbanzos, 119
tarta de queso de Nueva York, 164
tartaletas de frutas, 179
tartas de fresa, 157
tazas de medición, 7
ternera
empanadas de Cornualles, 39
empanadas de ternera, 111
enchiladas, 61
ensalada de ternera estilo tailandés, 54
fideos hokkien con ternera, 99
hamburguesa, 123
lasaña, 116
osso buco, 81
pastitsio (pastel de pasta y carne), 78
seekh kebabs, 53
spaghetti bolognese, 103
Wiener schnitzel, 115
tiras de pan tostado con queso fundido, 15
tiramisú, 153
tomate
ensalada de tomate y bocconcini, 135
gnocchi con salsa de tomate, 92
penne alla napolitana, 85
torrijas, 22
tortas de pescado al estilo tailandés, 33
tortilla
tortilla de patata, 62
tortilla vietnamita, 16
tortitas de calabacín y haloumi, 141
tortitas de patata con salmón, 77

V

verduras asadas, 139

W

Welsh rarebbit, 15
Wiener schnitzel, 115

Y

yakitori de pollo, 100
yogur
salsa de yogur, 44
smoothie de yogur de fresa, 26

Z

zanahoria y calabaza, risotto
de, 93

Título original: *I want to be a chef around the world*

Provença, 101 - 08029 Barcelona
info@editorialjuventud.es
www.editorialjuventud.es

Traducción de Jackie Morrow
Primera edición, abril 2013
Segunda edición, marzo 2014
DL B 33114-2012
ISBN 978-84-261-3958-0
Núm. de edición de E. J.: 12.758

Printed in Portugal

IMPORTANTE: Aquellas personas con riesgo de contraer la salmonella (ancianos, mujeres embarazadas, niños y cualquiera que padezca una enfermedad relacionada con una deficiencia en el sistema inmunológico) deberían consultar a su médico si pueden consumir huevos crudos.

GUÍA PARA EL HORNO: Es posible que los tiempos de preparación dependan del tipo de horno que se utilice. En el caso de los hornos de convección, como norma general, debes ajustar la temperatura 20 °C por debajo de la indicada en la receta.